金牌内训师
工作法则

智慧
轻萃取

李雄 著

中华工商联合出版社

图书在版编目（CIP）数据

金牌内训师工作法则. 智慧轻萃取 / 李雄著. -- 北京：中华工商联合出版社，2024.2
ISBN 978-7-5158-3860-1

Ⅰ. ①金… Ⅱ. ①李… Ⅲ. ①企业管理－职工培训 Ⅳ. ① F272.921

中国国家版本馆 CIP 数据核字（2024）第 026560 号

金牌内训师工作法则. 智慧轻萃取

作　　　者：	李　雄
出 品 人：	刘　刚
图 书 策 划：	蓝色畅想
责 任 编 辑：	吴建新　林　立
装 帧 设 计：	刘红刚
责 任 审 读：	付德华
责 任 印 制：	陈德松
出 版 发 行：	中华工商联合出版社有限责任公司
印　　　刷：	三河市九洲财鑫印刷有限公司
版　　　次：	2024年5月第1版
印　　　次：	2024年5月第1次印刷
开　　　本：	710mm×1000mm　1/16
字　　　数：	183千字
印　　　张：	13.5
书　　　号：	ISBN 978-7-5158-3860-1
定　　　价：	56.00元

服务热线：010-58301130-0（前台）

销售热线：010-58302977（网店部）
　　　　　010-58302166（门店部）
　　　　　010-58302837（馆配部、新媒体部）
　　　　　010-58302813（团购部）

地址邮编：北京市西城区西环广场A座
　　　　　19-20层，100044
http://www.chgscbs.cn

投稿热线：010-58302907（总编室）
投稿邮箱：1621239583@qq.com

工商联版图书
版权所有　盗版必究

凡本社图书出现印装质量问题，
请与印务部联系。

联系电话：010-58302915

前 言

萃取（Extraction），原是一个化学概念，目前在知识学习领域，很多人也借鉴了萃取的概念，将其作为知识精华的提取和提纯，当我们把知识和萃取这两个关键词放在一起的时候，就组合成了一个新的词语——知识萃取（The Knowledge Extraction）。知识萃取是知识管理的重要组成部分，可以挖掘、沉淀、传承和传播优秀的方法论，从而加速员工成长，避免重复错误的发生，提升工作效率和组织绩效。

轻萃取作为一种萃取方法，是指通过一些行之有效的方法或程序，对特定情境中组织内部绩优人的一些隐形成功经验，进行分析、总结和归纳，并通过语言结构的重组，提炼出一套易学、易记、易模仿的显性标准化模式，其目的是帮助工作经验不足或新入职人群进行学习，达到成功实践经验的有效复制和传承创新。有些成功的工作经验的萃取流程，能够有效优化现有工作程序，解决业务发展过程中的主要问题，最终促使整体绩效的提升。轻萃取强调"简""平""快"，其中"简"是指"公式化"萃取工具，"平"是指"一键式"萃取步骤，"快"是指"快捷式"萃取成果。通过"简""平""快"的轻萃取技术，让萃取流程变得简单明了，让萃取操作更加方便快捷，也让萃取学习者能更轻松实现绩效提升。

轻萃取可以针对个人，也可以针对团体；可以针对新的项目，也可以针对频繁实施的项目。甚至企业的战略决策，都可以进行轻萃取。一般来说，轻萃取包含四大能力，即能识别、巧提问、善回应、精提炼，最后让成果显性化，对知识做一个包装。可以看出，整个轻萃取流程的训练都是一环扣一环，富有严密的逻辑性的，并形成了一个较为稳定的标准流程。

在具体的操作步骤上，首先，要确定一个能够进行轻萃取的主题。萃取主题优先选择实践过的选题，且选题应聚焦"窄而深"，要可复制、易复制。其次，找到适合轻萃取的对象，尽量选取实操做得好、有分享意愿、逻辑表达清晰、归纳提炼能力强的业务专家、骨干精英和行业首创者。再次，在萃取的过程中，内训师要能够通过运用提问、倾听、记录、回应、追问等方式，深挖业务专家的故事，从故事中找到能够萃取出来的规律和内涵。在访谈前期，内训师要告诉被萃取者：我是谁？我是来干什么的？我能为您和您们公司做什么？您的经验能为公司做什么贡献？您需要向我提供什么信息？在访谈过程实践中，内训师要认真倾听被萃取者讲述的各类故事与细节，积极回应被萃取者的话语，采用合理手段适当进行追问，以获取更多的信息。最后，内训师要能够深度挖掘被萃取者的故事内涵，提炼业务专家访谈话语中的关键点，借助工具模型萃取出相应的知识或经验，遵循经验框架规划萃取语言，包装萃取出来的材料内容，让萃取出来的材料成果在人前得到展示，供更多的人共同欣赏、学习和借鉴。

目 录

第一章 轻萃取概述
第一节 作为行为动作的萃取 // 3
第二节 作为思维方式的萃取 // 8
第三节 "萃取""复盘""总结" // 13
第四节 什么是轻萃取 // 17

第二章 轻萃取的选题摸底
第一节 不要冲动,这几个选题不要做 // 27
第二节 看过来,重点考虑这三类选题 // 33
第三节 不要着急,按这个方法先摸底 // 38

第三章 轻萃取的对象评估
第一节 这些人才是您的萃取对象 // 47
第二节 怎么办?来的人不是您要的 // 54
第三节 随机应变,不完美的萃取对象这样处理 // 66

第四章　轻萃取前的准备工作

第一节　开场破冰四句话，快速打开局面 // 77
第二节　访谈萃取核心"武器" // 81
第三节　如何将故事一"挖"到底 // 88
第四节　萃取工具准备 // 100
第五节　案例实操 // 108

第五章　轻萃取的故事挖掘

第一节　侧耳倾听，展示专业 // 115
第二节　积极回应，建立共鸣 // 123
第三节　深入追问，挖掘核心 // 130
第四节　案例实操 // 141

第六章　轻萃取的关键点提炼

第一节　挤掉水分，提炼干货 // 147
第二节　抽丝剥茧，明晰要点 // 150
第三节　触类旁通，脉络关联 // 155
第四节　就地取材，转化成果 // 165

第七章　轻萃取的成果输出

第一节　标新立异，三大套路快速吸引注意 // 175
第二节　点石成金，会包装的内容更容易被看到 // 185

第一章

轻萃取概述

随着信息时代的来临,无论是组织还是个人,要想提升能力,积累工作经验,改善自我效能,都需要进行有效的知识管理和经验积累。轻萃取是指通过一些行之有效的方法或程序,聚焦知识沉淀,对特定情境中组织内部绩优人群的一些隐形成功经验,进行分析、总结和归纳,并通过语言结构的重组,提炼出一套易学、易记、易模仿的显性的标准化模式,其目的是帮助工作经验不足或新入职人群进行学习,达到成功实践经验的有效复制和传承创新。

第一节 作为行为动作的萃取

萃取（Extraction），又称溶剂萃取或液液萃取，亦称抽提，本是一个化学概念，指利用系统中组分在溶剂中有不同的溶解度来分离混合物的单元操作，即用一种溶剂把溶质从另外一种溶剂中提炼出来的方法和过程。通过萃取，化学家们能从固体或液体混合物中提取出所需要的物质，进而完成他们的实验操作。

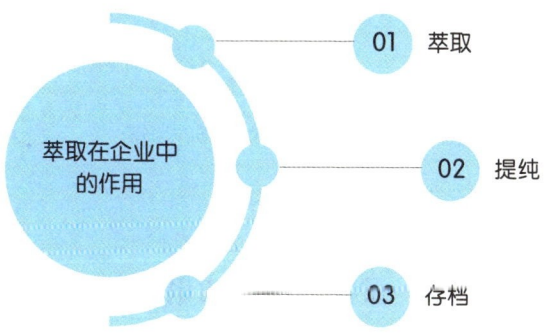

图 1-1　萃取在企业中的作用

在知识学习领域，很多人借鉴萃取的概念，将其作为知识精华的提取和提纯，当我们把知识和萃取这两个关键词放在一起的时候，就组合成了今天这个词"知识萃取（The Knowledge Extraction）"，这无疑是一种跨界。知识萃取是知识管理的重要组成部分，是一种可以挖掘、沉淀、传承和传播优秀的方法，可以加速员工成长、避免错误重复发生、提升工作效率和组织绩效。

在企业管理中，其用作管理成果的萃取、提纯、存档，使其纯度提高，真正成为系统的、有价值的、可参考的、可操作的成果，为团队和个人所用。而现阶段，随着知识管理圈以及培训大学教育圈对经验的萃取、知识的萃取等内容的深入研究，"萃取"这个概念的范畴在实践应用过程中逐步扩大，不只用于化学领域中。

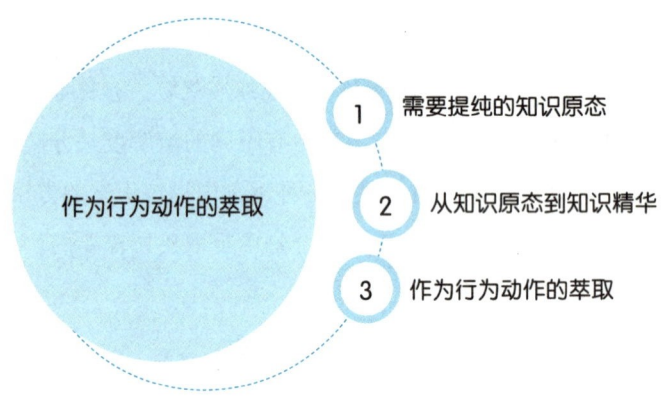

图 1-2　作为行为动作的萃取

一、需要提纯的知识原态

大家对知识一定不陌生，但对于"知识原态"这一说法，却有些不习惯。甚至有人认为将那些较为粗糙的、零散的知识称为"知识原态"并不合适，认为是对知识的一种贬低。其实不然，知识没有高下，但理解却有先后。如果从个人对知识的获取程度来理解，那"知识原态"一词可以通过以下两个案例简要说明。

很多人为了提升自己的工作能力，去听取与行业相关的"牛人大咖"

的意见分享，听取他们关于这项工作的实践经验，在听完后，虽然有所领悟，但具体怎么落地，依旧一头雾水。

比如，当一名新上岗的汽修工去检修汽车，在此之前，他从课本上看到了很多关于汽车维修的操作要领，但书本上的操作要领并不一定能与实际的汽车问题精准对应。最快的方法便是让一位经验丰富的老汽修工带着他，一步步指导他去检修。但是有经验的老师傅在工厂里又十分稀缺，那能不能将老师傅的优秀汽车修理经验转化为实地操作且可推广的培训知识呢？这就是我们轻萃取所研究的内容。

这些行业大咖或老师傅的经验转化为可推广的外化知识，都可以被称为进一步提纯的知识原态，它们粗糙、零散、略显混乱、需要深度挖掘，但它们又是有用的、迫切的、急需保存起来的。因此，面对这些知识原态的时候，一定要有萃取的思维，并要不厌其烦，将其及时萃取提纯，进一步内化为理论思维。不然，这样的知识原态很容易"随风而逝"，埋没在日常的琐事之中，无法为人所用。

二、从知识原态到知识精华

知识精华是知识萃取的最终产物，它和知识原态不一样。知识精华主要的呈现形式包括具有典型代表的案例、SOP 手册、培训的课件、基础的规律等。这些都是通过一定的方式一点一点从知识原态中挖掘出来的，通过一定形式的包装，捧到人前，让后来者能够快速地复制和学习。

比如在一个销售团队中，优秀的销冠（销售冠军的简称）总是能够在拜访客户的过程中，迅速且有效地捕捉到客户提出的需求要点，但是当新的销售人员向他请教经验时，他又说不出所以然。这是因为，虽然这个销冠掌握了客户需求挖掘的一个底层规律，但他自己并不理解这些规律是什么，甚至不清楚这些规律是如何在自己工作中发挥作用的。在他的脑中，捕捉客户的需求更多是依靠自身累积的隐性工作经验。而轻萃取的目的就在于，将这些成功人士脑海当中的一些隐性经验，通过特殊的方法一点一点地挖掘、萃取出来，并且进行适度的包装，展示到人前，以便让后面的复制者和学习者能够更好地观赏、学习和运用。

简而言之，萃取就是对知识精华进行提炼。从知识原态到知识精华，不是简单的一个步骤或者方法就能够实现的，它需要一整套非常完整的流程和非常考究的方法，不管采用什么样的流程和方法，从知识原态到知识精华，都需要人们采取一定的行为动作才能完成，而这个行为动作，就是萃取。同时，在知识萃取这件事情上不仅仅只适用于企业管理范畴，其他领域亦可借鉴使用。

三、作为行为动作的萃取

萃取从本质上来说，既是一项技术，又是一种行为动作。萃取作为一项技术并不难理解，但作为行为动作该如何理解呢？

在实际生活中，"萃取"因其生动形象的提取方式，被广泛地应用于化妆品行业。如女士们做 SPA、美容、护肤等使用的植物精油，其基本原理是将玫瑰花瓣、银杏叶片等放在蒸馏器中，通过蒸馏器底部加热或者融入高温的蒸汽，把植物中含有芳香物质的要素进行提纯，将植物内部的芳香精油蒸发出来，随着通过上方的冷凝管最后被引入一个冷凝器里面，形成一种油和水的混合物。比水轻的油会浮到水面上去，比水重的油会沉到水底下，再用漏斗就可以把精油单独地萃取出来了。

当然，上述案例只是人们在化学程序上所进行的萃取行为动作，但在实际工作中对我们职场人员又有什么样的借鉴意义呢？先举一个简单的案例，当员工在进行年终工作汇报时，为了在有限的时间内让大家弄懂他这一年都干了什么、做出了哪些成绩，通常会选择将工作过程提取要点进行复盘。而在这名员工回顾本年度自身取得各项工作成就，或大家集体合力完成某一个项目的成功要素时，其实就是在对已有经验进行一个"萃取"的过程，而萃取需要遵循一整套的标准步骤和动作要领，并非人们仅仅依靠天马行空、随心所欲的想象和夸夸其谈的讲述就能实现。因此，如何获取这套动作指令，提炼出真正有用的经验，也是我们需要进一步学习的关键内容。

第二节 作为思维方式的萃取

萃取不仅是一种知识萃取技术,更是一种加速知识沉淀的思维模式——萃取思维。萃取的核心是结构化思维,是一种跨界学习思维。同时,它也是一种学习技术,一种便捷的学习方法;是对生活和人生过往经验的梳理、提炼和总结,就好像是把一个人的经验以点状散沙的形态堆砌成一座堡垒的关键技术。

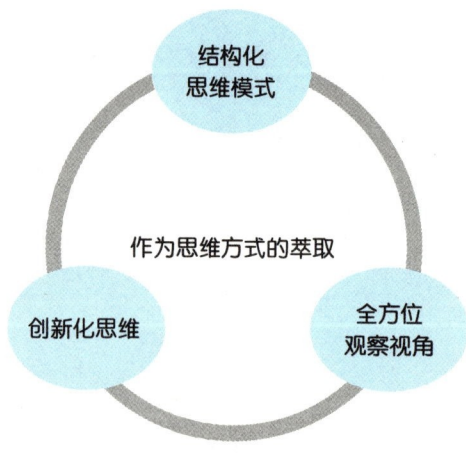

图 1-3 作为思维方式的萃取

一、结构化思维模式

为什么说萃取的核心是构建结构化的思维模式呢？1956年，Miller在《神奇数字7》（*The Magic Number 7*）中明确提出，人类的大脑在存储信息时表现出三个主要特征：一是大脑容量非常有限，在短时间内最多只能记住七种事物；二是大脑记忆事物的时间是有限的，维持时间约三十秒钟，且这期间记住的项目不稳定，很容易受到外界环境的干扰，导致记忆丢失；三是大脑存储记忆的形式主要是声音，甚至会把一些与视觉相关的信息转化为声音的形式进行记忆，较为常见的行为就是通过读出声音或者默念的方式来存储记忆。简单来说，人脑在处理信息时，存在记不住太多信息和喜欢记忆有规律、能够表达出来的信息。虽然这个理论现在已经被认为存在很多缺陷，但是对人们萃取过程的训练仍存在较大的影响。

举一个例子能够简单说明。一位事务繁忙的企业经理，需要向秘书确认一下开会时间，秘书进来说："经理，刚刚王总来电话说他不能参加下午3点的会议了。李总不介意晚一点开会，明天开也可以，但明天10:30以前不行。梁总的秘书说，梁总明天晚些时候才能从上海赶回来。会议室明天已经有人预定了，但星期四没有人预定。会议时间定在星期四上午11点似乎比较合适，您看行吗？"听了秘书的话相信很多人会一头雾水，这个秘书讲了一大串内容，虽然词句浅显易懂，但一整段话听下来，却使人听得云里雾里，不清楚他的重点在哪里。这是因为，我们大脑处理不了太多零散复杂的信息，无法一时之间记住秘书说的全部内容。但如果这位秘书熟练掌握萃取行为手段，采用结构化思维模式，就能够帮助他在工作汇报的时候，找到一个合适的结构，将碎片化的信息进行整理组合，并对问题进行拆解剖析，以减轻对方在记忆信息时大脑承受的负担，进而也能更快更容易地解决问题。因此，上述对话就可以转变为："经理，今天的会议可以改在星期四上午 11 点开吗？因为这样对王总和李总都比较方便，梁总也能参加，并且本周只有这一天没有被预订。"

萃取中所运用到的结构化思维简单地概括就是：以事物的结构为思考对象，来引导思维、表达和解决问题的一种思考方法。它能帮助我们借用一些思维框架来辅助思考，将碎片化的信息进行系统化的思考和处理，从而扩大思维的层次，更全面地思考。没有结构化的思维，很容易陷入零散混乱无条理的想法中，而结构化思维是一个有条理、有层次、脉络清晰的思考路径。在我们向外沟通与表达观点的时候，通过运用结构化思维更容易提取话语中的重点，把问题细分成一个又一个简单的、直白的问题单元，让他人更容易理解我们在说什么，而这也是萃取技术中很重要的一环。

所以，结构化思维与我们的学习、工作、沟通、解决问题紧密相关，如果没有结构化思维，做什么效率都不会高，萃取技术也很难达到应有的效果。

二、全方位观察视角

如果将我们大脑中所形成的知识体系看作一个树状结构，那么当搭建了一个整体知识结构后，后续的工作任务就是将我们在生活中积累的各类有用信息进行归类整理，再持续往这棵知识树中进行填充塞补，使这棵知识树开枝散叶，越发茂盛。这样即使在面对大量杂乱无章的信息时，也能够从纷杂的信息中通过搭建好的框架结构精准找到需要的内容，不忽略任何一个信息单元，这便是全方位视角的萃取。

互联网时代下，我们获取信息的途径越发增多，面临的各类问题也越来越复杂，仅靠个人已有的经验不一定能够应对所有的困难与挑战。越来越多的案例表明，单一结构的思维远远不够。我们真正需要的模式是当面对一个复杂问题时，采用多个学科的思维来解决。

心理学上有一个激活扩散模型，类似于把一块石头丢进水里，水面会产生一圈又一圈的波纹。这一模型在社会学中也被广泛运用。其基本原理是当一个知识被点亮后，那与它相关的知识都会被点亮，这样一直自动扩散下去，直至有关联的所有知识都被点亮。同理，您学的思维模型越多，越能激发出更多的联想，很多之前您觉得没什么关系的知识竟然也能发现它们的相通之处。通俗点说，就是我们获取到的知识越广博，边际效益就越大。

举一个例子，同时有两个人去听讲座，学识渊博的人和大脑空空的两个人虽然听的内容完全一样，但他们搭建的知识体系完全不同，就会导致同样的东西在学识多的人那里能产生更多的链接，收获自然越大。同样，当您掌握了多个萃取思维后，碰到一个新的知识单元，自然会跟您所学的知识产生碰撞、发生联系。也就是说，一个人懂得越多，看待问题的角度就越丰富，萃取到的知识就越多，展现出来的人生价值也就越高。

面对各类复杂情境，全方位观察视角有助于人们从多角度看到不同的信息，专注不同经验在群体内的分享，真正做到集思广益，站在巨人的肩膀上看问题。而正是由于群体的经验与智慧，能够帮助人们掌握多方位的信息资源，通过借助不同人群经验的萃取，才更有可能拼凑出更全面的图景；正是因为不同群体意见上产生的分歧，才更有可能在争辩中帮助大家较好地查缺补漏；也正是因为在各自的领域都有"局外人"的存在，才更有可能点出当局者迷的痛点。

三、创新化思维

轻萃取需要创新化思维。一方面创新化思维能够帮助被萃取的行业及相关主体不断地进行创新，不断地改进产品和服务，从而能够更好地满足市场需求，提高竞争力，让各类主体在激烈的市场竞争中胜出。同时，创新化思维能够引导轻萃取的各类主体持续进行创新和改进，提高生产效率和管理效率，降低成本，提高盈利能力。除此之外，创新化思维能够使企业、行业工作者等抓住市场变化和新的商机，开发新的产品和服务，进一步增加自身收益和价值。总之，创新化思维是轻萃取经验成果持续发展的核心，是各个行业主体在未来市场竞争中的优势和基础。当企业缺乏创新化思维时，很有可能会被时代所摒弃，人亦是如此。

与其依赖经验不如在创新经验的基础上，去了解事物运作的基本原理，然后从基本原理再出发，对事物产生全新的理解，从而有机会从全新的角度看待问题。

在大多数行业，技术都是一家公司的立身之本，通常都是保密的，这好比菜谱对于餐厅及厨师同样如此。但是如果一个城市只有一家餐厅能够做出美味佳肴，相信不会有太多的人乐意千里迢迢赶去品尝，但是如果一个城市每家餐厅都能够做出美味，相信大家会很乐意进行一次美食之旅。圣塞瓦斯蒂安（西班牙北部城市）整合各个餐厅优质菜品制作经验，通过共立菜谱的形式，使整个城市变成了著名的美食城市，吸引了全球游客前来旅游参观，带动了整个城市的发展。拥有一份技术或许是安身立命的根本，但是如果换个角度想想，每个人都提供一份技术，那么大家是不是都多了一份技能、一份保障呢？这样的经验共享让大家更上一层楼，这也正是经验萃取的魅力所在。

第三节 "萃取""复盘""总结"

在萃取过程中,经常会有人说:道理我都懂,但是我依然萃取不好一项成果;或是辛苦沉淀的成果,别人看不上。"萃取"是个好东西,该如何拥有?要想解决这类问题,首先我们要做的是需要对"萃取""复盘""总结"三者的关系进行正确的辨析,厘清它们之间的内在逻辑,分清它们三者的不同,真正把握"萃取"的概念。

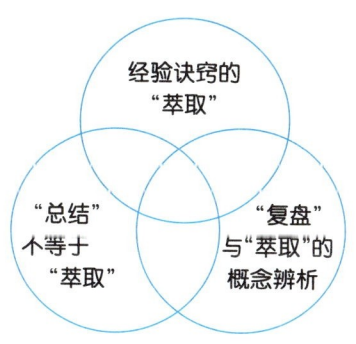

图 1-4 萃取概念的相关辨析

一、经验诀窍的"萃取"

公司里面，一位专业经验丰富的老员工提出离职，那么他在该业务范围内所获取的全部经验与教训就都会被带走，后来接手的新员工就要从头学起；部门内有十几位员工的业务经验没有进行汇总，成功的经验从未得到推广，那么每个人在接手新项目时都要进行重新打磨；工作中某类问题经过反复的培训，都没有梳理出来相关的问题清单，企业成员便不能通过前人的经验教训得到成长；虽然企业内部每个人对自己所负责的板块拥有相当多的业务经验，可都没有得到总结，难免会加大管理成本上的损耗。

华为高管徐直军曾在一场知识管理大会上明确指出，华为公司目前最大的浪费就是经验的浪费。对于一个组织来说，失去一位优秀的人才也许并不可怕，可怕的是伴随着这位员工的离去，他在公司中累积的一些经验随之流失。

经验是企业在长期发展过程中积累的隐性资产，如果没有进行提炼总结、显性化和方法论化，不管组织多少次培训，也不管培训的效果如何，最终的结果都是"竹篮打水一场空"。因此，在公司内部寻找优秀的员工，把这些优秀个体的行为经验萃取出来，复制到团队的其他成员身上，提升团队整体实力逐渐成为企业迫在眉睫的事情。

经验来源于业务。我们日常开展的一些工作行为其本质就是在为组织、为团队、为公司做经验萃取，即使很多时候我们没有意识到这一点。通过萃取技术拥有的结构化思维模式、全方位观察视角和创新化思维的模式和方法，企业管理者、培训课程开发者、内训师等通过打造符合业务需求的课件，开发出一些高质量的教学课程，以达到工作人员业务能力的提升，让经验回归于业务，用成功复制成功。

二、"复盘"与"萃取"的概念辨析

经常有人将"复盘"与"萃取"的概念混为一谈，认为对特定情境下的某项事物进行复盘就是萃取。但二者有很大的区别，下面将进行一一辨析。

我们所讲的萃取，具有一个很鲜明的特征，即是针对成功经验的萃取。本质上来讲，萃取是一个成功解决问题的方法，是在一个组织中成功实施的事件，是一个成功的案例。而复盘是什么？复盘是指做完一件事情之后，无论成功还是失败，对该类事件重新梳理一下前因后果，把过程结果从头到尾演练一遍，为之后做事提供清晰明确的步骤。简单地说，复盘就是把当时走的过程重复多遍，并且主动思考为什么这么走，有没有更好的选择，下一步应该怎么设计，接下来的几步该怎么走。因此从根本上讲，萃取和复盘是不同的，萃取注重成功经验的总结归纳，复盘注重事件的回顾与重复，并且不区分事件的失败或成功。

举两个例子来做进一步的论证说明。运动员会通过反复观看自己比赛或训练时的录像，从中看出动作摆幅节奏、身体姿势、教练的反应等，还原当时每一个细节，从中总结经验和教训，从而不断打磨自身技能，这是复盘。一家银行在全国选取了 10 位催收岗位实战成绩优异的工作人员，提取了大量实战操作方法、复杂催收情况下的解决策略，输出了易懂易学的"催收三部曲"实战课程以及实战工具，这是萃取。

"复盘"和"萃取"二者是存在联系的，并非以割裂的形式存在。"萃取"离不开"复盘"。在做萃取的过程中，我们会对已经做过的项目进行一个整体的复盘，对某类事件重新梳理一下前因后果，甚至对其中某一步骤反复演练好多遍，思考特定情境下自己当时为什么会这样做，有哪些因素推动了事件的顺利进行，进而总结出成功经验，以供其他人学习和参考。

三、"总结"不等于"萃取"

任正非在华为大学教育学院工作汇报会上强调：人要善于总结，人的思想就是一根根的丝，总结一次打个结就是结晶，四个结就是一个网，多打几个结，网就织得密了，即总结越多就越能网大鱼。

那有的人会问，总结就是经验的萃取吗？当然不是。从定义上来讲，总结是对上一阶段的回顾和归纳，上一阶段我们达成了什么目标，取得了什么成果，有哪些目标未完成，等等，更多的是对既往发生事情的一个回顾总结。当我们对日常工作或完成的项目进行总结盘点时，我们既会总结在业务中获得的各项成就，也会梳理我们在工作流程中存在的各类不足。而恰恰我们对个体自身能力不足的总结，是不归属于萃取的范畴的。

不是成功不能复制，是因为我们常常会复制成功的表象，而没有找到成功最核心的规律、套路、方法，这是最大的误区。更进一步来讲，运用萃取技术，我们总结的不仅仅是各类成功的经验，还包括在工作流程中所克服过的各种各样的问题和已经解决掉的困难。因为在成功的背后，我们踩过一些坑，我们将这些教训总结出来，提醒后人注意，避免犯同样的错误，这也是经验萃取所必经的步骤。

那什么样的经验总结才是经验萃取呢？从概念上看，经验萃取是指通过一些行之有效的方法或程序，对特定情境中组织内部绩优人达到的一些隐形成功经验，进行分析、总结和归纳，并通过语言结构的重组，总结出一套易学、易记、易模仿的显性标准化模式，帮助工作经验不足或新入职人群进行学习，其目的是达到成功实践经验的有效复制和传承创新。甚至有些成功的工作经验能够通过萃取的流程，优化现有程序，解决业务发展过程中的主要问题，最终促使整体绩效提升到更高的水平。

第四节　什么是轻萃取

在做萃取的时候，我们总是觉得萃取很难以实现，那些完整且"高大上"的方法论，常常难以适配当下我们想要完成的萃取场景，又或者萃取路径并未能提供清晰的操作指导。简单好用的轻萃取技术，能帮助我们有效避免这些问题的出现。

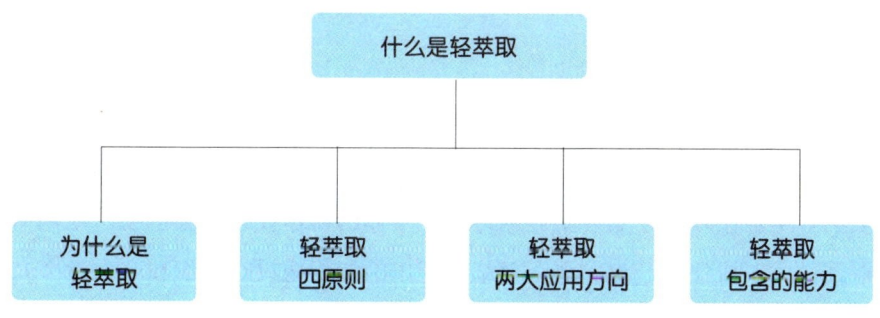

图 1-5　什么是轻萃取

一、为什么是轻萃取

（一）轻萃取是来解决问题的

萃取是一道程序复杂、涉及面广的技术，在萃取过程中会遇到各种各样的问题。除了在理解上存在概念不清无法正确掌握总结、复盘和萃取三者的关系外，在具体操作上也容易出现路径不清、标准不明等问题。

萃取是把一件事情从现象上升到逻辑，再上升到方法，而后到一整套方法体系的过程。但一方面从操作路径的选择上，那些难以掌握的"大而全"方法论，不适用细分场景的"多而杂"工具，不适配细分场景的"宣传型"案例，往往让人对萃取望而却步。同时在具体的操作实践中，很多人即使进行了相关的训练，也很难衡量自己的操作步骤是否完成到位，甚至不知道什么是优秀萃取物，对萃取出来的东西没有足够的信心，陷入了标准不明的困境。

因此，轻萃取的出现将会对萃取中常见的问题进行逐一侦破。轻萃取强调"简""平""快"，其中"简"是指"公式化"萃取工具，"平"是指"一键式"萃取步骤，"快"是指"快捷式"萃取成果。通过"简""平""快"的轻萃取技术，让萃取流程变得简单明了，让萃取操作更加方便快捷，也让萃取学习者能更轻松实现绩效提升。

（二）轻萃取是帮助个人和组织进行知识管理的

轻萃取的关键点在于"轻"，它能轻量级地帮助大家快速地产出所需要的各类成果，无论是展示性课件还是具体的操作要领，都可以通过轻萃取的技术手段快速产出。那么轻萃取产出的知识成果在组织和个人当中究竟能干什么用呢？它的价值和扩大作用是什么呢？

对于个人而言，无论是内训师、牛人大咖，还是普通员工，学习萃取，最重要的是能做自我知识的沉淀。轻萃取能帮助人们将脑海中那些隐性的操作知识和经验积累很好地显性化出来，也就是帮助个人 IP 很好地被打造出来，提高自我影响力和作用力。因此，轻萃取在个人知识管理中，是自我沉淀的核心技能，更是个人知识 IP 的打造帮手。

对于组织而言，可以帮助组织成功的经验，减少经验浪费，提高生产效率。特别是在一些集团类大公司里面，轻萃取技术显得尤为重要。大公司内各位成员优秀的组织经验，经实践成功论证后，可以运用于各分公司生产问题的解决上。特别是一些理论层面回答不了的问题，总公司可以利用轻萃取出来的成果，复制推广到其他人手中，一传十、十传百，让组织经验从生产中来，又回到生产中去，更好更快地作用于生产。甚至可以由一个企业推广到另一个企业，让好的经验帮助更多人受益，进而促进整个社会的进步与发展。因此，轻萃取在组织知识管理中，既是组织经验挖掘的核心技术，又源于生产价值，用于生产创值，还能够加速组织精华的有效传承。

二、轻萃取四原则

在学习轻萃取技术之前，我们需要掌握关于轻萃取的相关原则，其原则可以总结概括为以下四点：选对人、深挖掘、抓典型、多求证。在做轻萃取的过程中，需全面贯彻四大原则，避免"重复交学费"，保证整体项目的顺利运行。

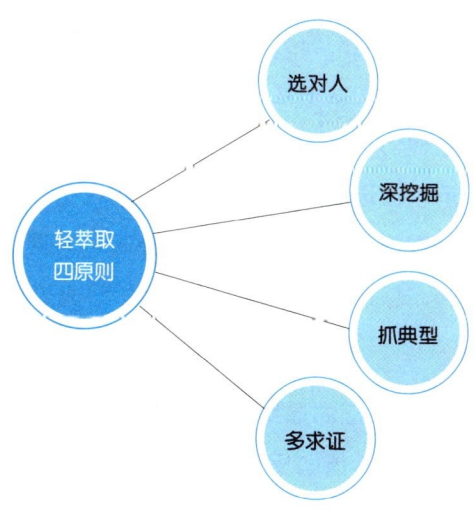

图 1-6　轻萃取四原则

（一）选对人

轻萃取需要遵循选对人的原则。选对人是开展轻萃取的前提。在对象的选择上，有实操经验者优先，倾向愿意表达者优先，在此基础上本身具有逻辑思考的人最佳，再具有规律提炼的能力的人那便是更完美的选择了。轻萃取成果的质量与专家密不可分。只有选择合适的专家，匹配合理的经验萃取模式，才能激发他们的分享欲望，萃取出高质量的经验成果。在所有轻萃取的过程中，首先要做好一件事情，就是在被萃取者的选择上，即生产专家一定要擦亮眼睛，综合各项因素选择好。

（二）深挖掘

轻萃取需要遵循深挖掘的原则。轻萃取的对象确定之后，就可以围绕萃取的主题进行内容的搜集和整理。通过访谈和挖掘业务专家大脑中的"知识地图"，提炼和萃取组织经验，形成可以复制的工具和方法，这是组织经验萃取的关键点，同时也是难点。这便要求在进行轻萃取前一定要对萃取主题有了解与准备，并掌握一定的技巧，这样才能深度挖掘出关键信息。

（三）抓典型

轻萃取需要遵循抓典型的原则。抓典型选题是很重要的，有些人虽然项目做得很成功，经验也非常丰富，但萃取出来的成果其他人却瞧不上，一个很大的原因在于他们一开始选题就没有选好，选择宣传的点不是现在复制推广最高的。所以在选题这件事情上，我们也是有技巧和原则要去执行的。这要求在对萃取的事件或案例进行选择时，要重点关注那些可以被广泛复制的典型经验，总结出规律性，结构化重组成果。

（四）多求证

轻萃取需要遵循多求证的原则。什么叫多求证呢？就是一个案例或事件萃取出来的成果。它是能够反复经过实践的验证，是能够与时俱进，随着时间的推移不断被迭代的。前人的经验虽然现在有用，但也需要后人因时因地灵活转化，不断萃取新的知识进去。因此，轻萃取中多求证原则要求案例、方法论等成果一定是要在实践中不断进行迭代，不能要求一次到位。

三、轻萃取两大应用方向

轻萃取可以针对个人，也可以针对团体；可以针对新的项目，也可以针对频繁实施的项目，甚至可以针对企业的战略决策，这些都可以进行轻萃取。关于轻萃取的主要应用，具体而言可以分为两个方向，一是基于经验的方法总结，二是基于方法论的案例匹配。

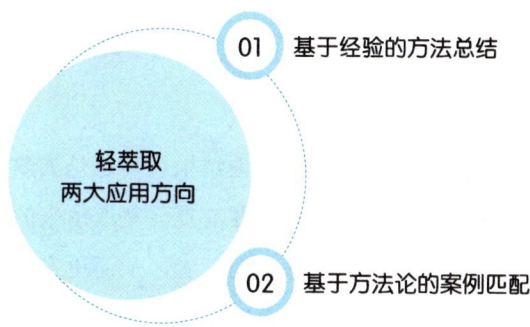

图 1-7 轻萃取两大应用方向

（一）基于经验的方法总结

基于经验的方法总结不仅能够帮助企业优秀经验的分享、传承与汲取，有效降低培训成本，最大化地使用培训资源，也是员工提高自身学习能力的有效方法。对分享者来说，轻萃取可以让自身进行阶段性的总结，最重要的是对自身近几年的工作进行自检和思考，从而提升自身能力；对学习者来说，学习他人优秀的工作经验、方法与观念，从而可以提高自身能力，同时深入业务场景，更加了解自身工作场景以外的业务技能，拓宽职业生涯道路。

经验联系理论、经验联系实践、实践联系理论三者之间相辅相成，是企业生产赖以生存的基础。而对实践经验的轻萃取，无疑是对现象做一些寻求规律性的动作，是科学的思维框架和知识结构的体系搭建。而知识的迭代与推进是轻萃取这门课的基础。我们对经验进行规律性总结，如同是在搭建一个结构模型，萃取到的不同元素一层又一层地堆砌在一起，形成了一个基本的框架。然后又通过实践的反复作用，在不同的阶段进行知识元素的迭代和推进，最后形成普遍应用的规律。

考虑到人的时间和精力是有限的，所以我们应当从经验中寻找对应的规律，从而搭建系统的、逻辑的、多样本规律的管理思维、工具和办法，产生情境中动态常识化，成为直接的力量，才可作用于生产，应用于生产，并不断接受生产的检验。这才是一个企业进行轻萃取真正需要的东西。

（二）基于方法论的案例匹配

每个人的经历都是丰富多彩的，无论结果成功还是失败总会有无数的收获。如何挑选出值得萃取的案例是重要前提。萃取出来的案例可以具有一定的故事性，萃取者可借助场景来打动读者，从而更多地获得关联性。但是，一个动人的故事却不完全意义上等同于案例，不顾方法论依据的案例，即使讲出来也是枉然，智慧的提炼才是案例的价值。同时，我们所萃取出来的案例一定是可以揭示某个道理，能向其他人传授经验知识的，必定是围绕某类主题目标开展进行的。所以，基于方法论的案例匹配无疑也需要一个思维上逐步递进的过程，这样才能完成从故事到经验，从经验到智慧的提炼。

选出案例后，我们仍需要对所选择的案例事件进行取其精华、弃其糟粕的操作，以最精练的文字输出达到传播的作用。轻萃取的重点在于考察人对事物的反思、提炼以及概念化的技能，但这些能力并不是短时间内就能掌握的，需要基于方法论的指导。真正的轻萃取高手能够在和业务专家们的交流互动中，通过形成与对方共识的方法论来选择恰当的案例与自己匹配，进而对自身业务或相关知识展开详细的介绍，让对方理解、读懂、弄清。要想让萃取的案例更加具有代表性，需要围绕着未来要解决的问题和教学方法论，有选择性地进行萃取，而并非全盘吸收。当然能萃取到什么样的内容和养料，取决于萃取师的水平，这与其知识背景、经验积累和教练状态关系密切。

四、轻萃取包含的能力

知识萃取出来，如果是细且散的内容，缺乏逻辑和系统的支撑，那显然不能成为经典。基于此，需要对轻萃取的能力进行一定的训练。

一般来说，轻萃取包含四大能力，即能识别、巧提问、善回应、精提炼，最后让成果显性化，对知识做一个包装。可以看出，整个轻萃取流程的训练都是一环扣一环，富有严密的逻辑性的，并形成了一个较为稳定的标准流程。

在具体的操作步骤上，首先，要确定一个能够进行轻萃取的主题，找到适合轻萃取的对象，围绕这个对象展开深度讨论。其次，在萃取的过程中，萃取者要能够通过运用提问和回应的方式，深挖业务专家的故事，从故事中找到能够萃取出来的规律和内涵。再次，提炼业务专家访谈话语中的关键点，设定一个套路萃取出相应的知识或经验，遵循经验模型的框架规划萃取语言。最后，将萃取出来的成果展示在人前，供大家共同欣赏和学习。

第二章

轻萃取的选题摸底

在萃取之前，内训师可以通过了解当前研究的热点和趋势，以及前人在该领域的实践成果，从而确定一个合适的选题。但切记，既要遵循"五不做"原则，即实践不完整的不要做、实践未成功的不要做、实践没结果的不要做、实践没特色的不要做、从未做过的不要做；又要掌握"三要做"的核心，即优先选择实践过的选题、选题可复制且易复制、选题聚焦窄而深。在进行选题摸底时，严格遵循厘清背景现状、找明观点方向、确定典型事件、填写萃取工具的相关步骤。

第一节 不要冲动,这几个选题不要做

相信大家在做轻萃取的时候,常常会遇到一些疑问:别人做过的实践项目,我还可以继续坚持做萃取吗?别人做过的萃取选题,我还能萃取出别的经验吗?别人没做过的选题,我可以做萃取吗?什么样的选题才是我可以萃取的呢?带着这些疑问,我们先来看看哪些选题不要做!

一、实践不完整的不要做

在进行萃取时,如果选题不完整,可能导致萃取出来的结论不准确,甚至无法得出实质性的成果。因此,在做选题调研时,内训师应该认真思考和拟定萃取主题,确定明确的萃取目标和萃取方法,确保研究的全面性和有效性,保证萃取成果严谨且具有价值。那么,有人做过的实践项目我们是不是就不可以做萃取了呢?其实也不一定,这得分情况来看。如果一个项目到现在仍然处于实践探索的阶段,仍然不断有人投入人力、物力和财力进去,那么这个项目就没有萃取经验可谈了。

一家公司曾邀请我们去做一个名叫"3000周"项目的萃取,但我和团队前去走访调研的时候发现这个项目仍处在一个开发阶段,且因为是一个新兴业务,很多经验都还未形成,公司中很多人还在不断努力地尝试。

当了解到这一情况后,我和团队便一口回绝了。原因很简单,因为这个项目还没有完全的完成,相关经验也没有真正涌现出来。当一个项目没有人完整实践过,如果我们这时候选择草草地去进行萃取,那肯定得不出来有参考价值的知识和经验,甚至极有可能萃取出来的成果是错误的。因此,在萃取前,我们一定要考察需要我们萃取的案例或项目的完成度,实践一定得是完整的才有萃取的必要。做事不要急于求成,切记不完整的实践不要盲目做萃取。

二、实践未成功的不要做

实践没有成功,萃取就无从谈起。成功的实践,是指项目既完成了任务,又获得了业界或其他人的认可。在研究萃取选题时,应该注意确保研究的可行性和成功性。如果萃取的选题没有成功过,说明这个选题本身存在一定的难度或风险,如果内训师和被萃取者又缺乏必要的研究能力和资源支持,那么很可能导致经验萃取不成功或者萃取出来的结果不具有科学性和实用性。因此,在选择萃取选题时,需要评估研究的风险度和可行性,同时确保自身具备必要的研究能力和资源,这样才能顺利开展研究并取得理想的研究成果。

对经验进行总结并不需要花费太多时间和精力,甚至只是动动手指、动动键盘就可以做到。而萃取则不同,萃取的经验来源于成功的实践。虽然这个项目有人去做过,去完整地实践过,但实践没有成功意味着项目存在很多问题或者有些项目目标还未实现。如果我们强行将失败的经验按照流程进行萃取,很有可能会出现一些比较严重又无法避免的问题。

除此之外,实践未成功的项目很难有完整的知识体系,即使我们对经验进行了相应的总结,但混乱的知识体系也会让展示出来的成果不尽如人意。对失败的那些实践,经验教训可能已经被总结得过于充分,很难再有新的内容出来。而这些被总结出来的东西，在经过新一轮实践后也未必就能够百分百地被执行得很好。

三、实践没结果的不要做

萃取需要产出，因此当实践的项目完成后，如果没有产出性的东西，建议不要再花费时间和精力做萃取了。很多人会疑惑，什么叫实践没有结果呢？难道不是实践成功完成了，就可以做萃取了吗？当然不是。比如说我今天要帮助某销售企业经理做管理经验的萃取，那么我所服务的对象，即该企业的经理，他除了自身需要掌握一定的专业管理经验外，还要将他的管理经验运用到企业中去，并最终获得成绩去论证他所秉持的管理经验的合理性与科学性。如他可以拿出自己所在部门优秀员工在这个企业的占比率排行第一，或者是经他部门培养出来的某位员工绩优性高于其他部门等实质性证据，以此论证该企业经理的管理经验是极具萃取价值的。

在选择萃取的选题时，需要合理评估研究的潜在结果和实用性。如果选题存在很大的不确定性，研究过程中可能无法得出实质性的结果，从而不能满足实践需求，缺乏研究的实用性，更不用说再去向行业内推广应用了。因此，在选择萃取选题时，需要对萃取问题、方法、数据等进行允分探索，确保可以取得具有实际意义的研究结果，才可以认定为是可操作的萃取选题。同时，也需要注意避免重复研究和废弃研究，确保研究的价值和意义。

四、实践没特色的不要做

在选择萃取选题时，需要考虑萃取选题实践的创新性和特色。如果选题实践缺乏创新性和独特性，那么很可能无法引起业界和社会层面的关注与学习，缺乏萃取成果的影响力和价值性。因此，在选择萃取选题时，需要注意寻找具有实践的独特性和新颖性的萃取课题，并在萃取过程中不断探索和创新，从而提高萃取的价值和业界影响力，为行业带来更有效的贡献经验。同时，也需要关注萃取与实践的结合点，探索具有实践价值的萃取方向，为实践提供创新思路和解决方案。

采取人云亦云的方法，得出大家都知道的结论，这样的萃取是没有意义的。因此，如果实践没有特色，就要慎重考虑要不要做经验萃取了。在萃取过程中，如果只是盲目跟随大众观点，而没有进行深入探究和分析，那么很可能得出毫无意义的结论和成果。因此，在确定萃取选题和萃取方法上，需要有一定的创新性和探究精神，并且要对萃取过程中的实践经验进行深度分析和理性思考，以达到更高的科学性和实用性。同时，也需要警惕出现萃取结果被误导或混淆的情况，从而确保萃取结果的准确性和价值。

有特色的实践，带来的成果很大可能也是别具一格、富有新意的。经由某个创意性的实践得出了区别于其他人的经验和路线，解决了前人没有解决或没有完全解决的问题，或是对前人工作方法的改革与创新，能够帮助更多的人找到灵感，找到更多克服问题的新思路、新方法。一方面，有特色的实践研究能够为实践提供创新思路和解决方案，帮助实践问题得到有效解决。另一方面，有特色的实践研究能够提高业界工作者的声誉和竞争力，增强其在实践领域的影响力，这也是很多行业精英热衷于对自身成功经验进行萃取的重要原因。

五、从未做过的不要做

做萃取，就是想在这个行业中找到一些相关的点，或者说能够与实践有关联，那么从未做过的实践一定要慎重考虑。从未做过的选题存在很多不确定性和未知因素，萃取的可行性和成功性也会降低。同时，被萃取者和内训师也可能缺乏充足的资源和经验来进行这样的萃取。因此，在选择萃取选题时，内训师需要充分评估萃取潜在的风险和成果，同时要考虑自身的萃取能力和资源，确保能够顺利开展萃取并取得实质性的成果。如果没有充足的准备和资源，最好暂时放弃这个选题，而选择更适合自己的萃取方向和选题。

切忌所萃取的选题是业界从未实践过的，尽量避免过分纠结萃取选题的创新性、独特性和与众不同性，可操性低的选题会大大增加萃取的难度。如果一定要选择，那也需要对实践项目的前瞻性、实现条件、资料数量等有大致了解，个人也需具备一定的逻辑思维和信息整理收集等能力。以免中期因选题不当、条件不具备而更换选题，造成时间与精力上的浪费。

萃取选题示例

什么样的选题是值得萃取的呢？以下是我依据多年的工作经验，所选择出来的一些适合做轻萃取的选题。

（一）纯粹客观性的选题

1. 保单回执转介绍
2. 成功招标的"不三要四"
3. 五年销冠的经验

（二）有主题的客观性的选题

1. 南方航空公司的常飞旅客服务计划
2. 美的集团多品牌运作的经验分享
3. 中铁三局项目外包招揽的人才经验

4. 碧桂园集团的组织变革

5. KUSE 集团的"工作导师制"

（三）提出问题（有主题）的选题

1. 全职太太保险增员之路在何方？

2. 同乡会如何拉来百万大单？

3. 新领导如何做好向下管理？

（四）带修辞标题的选题

1. 一分钟读懂海外营销体系

2. 华丽转身：中专生缔造百万海外大单的经验分享

3. 走入客户心里只差临门一脚

第二节 看过来，重点考虑这三类选题

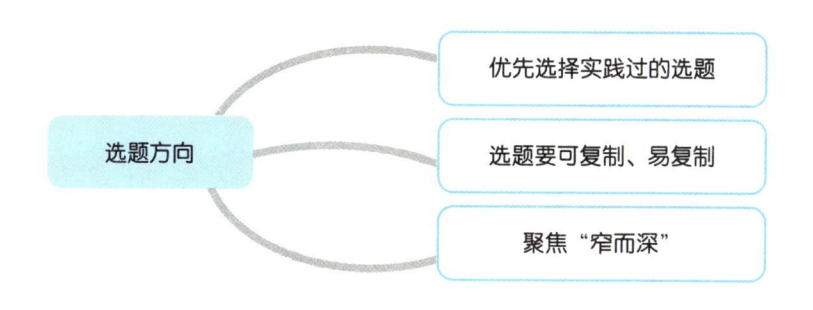

图 2-1 重点考虑这三类选题

一、优先选择实践过的选题

从选题上来看，优先选择实践过的选题，能够从源头上避免"闭门造车"的风险，同时也可以为将来的深入研究打好基础。不同领域的问题有着不同的研究角度和研究方法，因此在选题上需要全面、客观地进行分析。只有在实践过之后，才能够知道哪些问题是值得研究、应该进一步深入探究的。

例如：我想做一个关于"如何解决公司高管和员工之间冲突"的选题，它之所以能够成为一个选题，是因为在该公司内部确实存在高管人员与员

工之间发生冲突的事件，并且在这个案例中，董事长对管理团队实施了一个改变传统领导方式且独特的改革方法，并在公司内部取得了应有的成效。这个案例因为有比较好的经验可以参考，因此我们优先萃取，也更容易获得出成果的机会。

但需要注意的是，公司提供的成功案例，并不是直接拿来便可以展开萃取的。因为有时候公司提供的内容未必都是真实的，也有可能带有夸张的成分。不可否认，有时公司工作人员为了更好地呈现项目成果，展示工作成效，会在整理材料的过程中对项目中的部分情节进行包装，或对文本内容进行一些夸大描述，甚至杜撰实践中不存在的过程等情况。这类案例虽然确实实践过了，但又如同一颗烟幕弹，让我们猜不透又摸不着。这便要求内训师在做萃取前，对实践项目进行深入的摸底，获取客观真实的信息，尽量减少水分的渗入。

二、选题要可复制、易复制

萃取经验的可复制性、易复制性，让脑海中的知识资产具有了简单且可以无限共享的可能，也让经验知识的广泛利用和价值释放并产生了无限的可想象空间。

萃取选题应注重经验知识的可复制性，就如同一个人阅读一本书之后，书本的知识变成了私人的记忆，这个人不仅可以自己反复使用，还可以向其他人传播。通过教授他人使私人记忆变成共有的知识，而不是像面包那样的一次性消费品。公司经验的可复制性，强调能够将隐性知识转化为大众能够学习并可吸收的价值观的描述，这些可复制性的经验或知识能够让组织内的人尽可能地去理解和认同，并为公司的发展和决策提供参考借鉴。

以大宗商品贸易商奥兰国际有限公司的战略模式为选题案例。奥兰最核心的战略支柱之一就是公司直接从生产国农民的田地里开始管理供应链。尽管这关系到超过 20 万家分散的供应商，但他仍保持一致性。例如，管理者必须生活在发展中国家的农村地区以便掌握田间的实际情况；每一个本地管理者都必须视与当地农民的关系为首要任务。奥兰甚至还通过其在农民田间学校创造出了高效的农场模式：现场演示能改进农民操作的方法。公司通过这种可复制性的经验教授的管理模式，既能有效提高当地农民的生产效率，又能帮助组织内的人尽快理解并认同这些表述，并在行动和决策时加以参照。

三、聚焦"窄而深"

萃取题目的选取应重点关注"窄而深"的主题，泛泛而谈、浅薄浅显的选题一定要第一时间排除。什么选题才是"窄而深"的选题呢？"窄"是指选题的思路要聚焦，不能太宽泛或太泛滥，更不能太模糊，要让人知道您在讲什么；"深"强调深入挖掘，要能够挖掘出选题后面的深意和故事，选题要能够有渗透性，抓取别人看不见的东西，不能太空洞，也不能太抽象。

举两个例子来对比一下"宽而浅"和"窄而深"两个选题方式的区别。如一个萃取选题——《论转介绍的方式》，看一眼便知道是讲解转介绍的方式，还有没有其他的信息呢？说实话，仅通过看标题我们完全不知道，那别人肯定会疑惑，这个选题是想说明什么东西的转介绍，还是哪个行业哪个领域的呢，转介绍方式那么多都要萃取学习吗？所以，在我们看来，《论转介绍的方式》这个作为萃取的选题太大了，涵盖的东西太多了，是一个典型的"宽而浅"的选题。再看一个萃取选题——《保单回执转介绍》，从这个题目能够看出萃取的这个选题主要是想说明保单回执方面的转介绍，属于保险行业的一类经验萃取，学习人群应该是保险销售员或其他保险从业人员。这个选题"字少话不多"，但言简意赅，直切要点，非常直观地呈现给读者想要讲授的萃取主题，明确具体，又有吸引力，属于"窄而深"的典型。

总而言之，那些优秀的萃取选题一定是聚焦的某个点，或着眼于某项具体的业务，而不是泛泛而谈的内容，这便是在强调选题的聚焦性。一方面，聚焦的选题更容易让大家理解，不会显得很抽象，让人学习完之后仍然不知所云。另一方面，选题聚焦之后更容易挖掘出事件或项目的重点和深度，让人愿意去领会背后所隐藏的故事，也更容易学习，从而促进知识的传播。

四、《如何帮助营业厅做好员工管理》案例分析

如何确定萃取的选题符合上面所讲的三项要求呢？首先确保我们所做的轻萃取的选题优先选择实践过的选题。其次选题经验对于公司或其他员工而言要可复制、易复制，是真正拿来用的东西。最后找准"窄而深"的主题，帮助大家去理解、概括经验，直切学习的要点。

举一个例子，在联通某家分公司下，起初萃取服务对象王经理初步确定的选题为《如何帮助营业厅做好员工管理》。这一题目很宽泛，不好萃取，因为联通营业厅做好员工管理的方法非常多，因此这个题目显得不够聚焦。在后期深入调研项目情况后，我们明白了该公司确确实实在员工管理方面下了狠功夫的，也的确在近两年获得了一些成效。最为突出的亮点是，相比较其他分公司的员工而言，该公司旗下的员工们没有频繁的流动率，员工满意度较高，离职率较低，合作性很高。对此，在调研的基础上，我们决定在原定的题目上进行一些改动，挑出员工的人事管理这部分内容，最终调整为《四个动作降低一线员工流失率》。可以看出，后来改动的这个题目就很聚焦，能简单直观地表达出想要萃取的内容，让人一看就能懂，同时类似于"四个动作"这样的数字性的话语导向不容易被人遗忘，也方便其他人学习和接受。

基于上述案例分析，我们在做选题的时候，要尽可能是小而美，而不是

大而全。如果主题太大,很难快速地将主题讲清楚,反而经验知识越扯越多,很难将一个快速可复制的方法规律传递下去。

第三节　不要着急，按这个方法先摸底

从经验创新价值和萃取知识的严谨性角度来讲，瞄准选题是关键。什么样的选题有价值，什么样的选题能够帮助自己想要做的产品，然后再根据自己对行业和产品的了解来判断是否可以做，不要轻易去决定一个选题。这就要求我们在进行萃取工作前，对选题的背景、观点、典型事件等做一个深入的摸底。摸清主题的"前世今生"，是轻萃取的基本前提。

摸底步骤

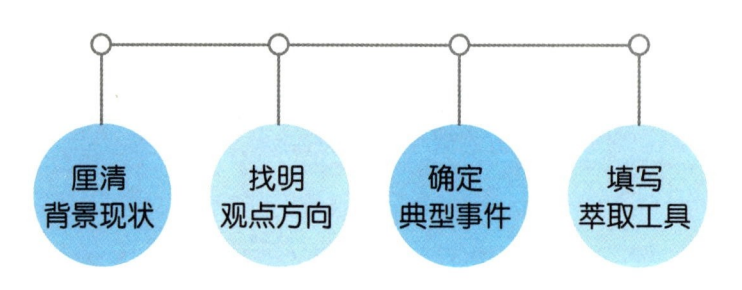

厘清背景现状　→　找明观点方向　→　确定典型事件　→　填写萃取工具

图 2-2　按这个方法先摸底

一、厘清背景现状

要想获得有推广价值的萃取成果，让他人对萃取的项目和经验感兴趣，首先要清楚实践项目的背景及现状，简单地说就是深入剖析这个工作项目发生在什么样的背景环境下？有几个发展阶段？现在发展程度如何？大部分的参与者评价如何？明确了背景和现状之后，就可以有针对性地制定相应对策并明确预期目标和完成时间。这可以通过与项目相关人员，如项目主管、项目组成员、市场总监、销售主管、用户总监以及管理层人员等的交流访谈，或是通过收集项目文件等方式获取。

二、找明观点方向

萃取不仅要叙述案例事实，更要透过实践事件阐释清晰的观点。什么是观点？简单来说，观点是思想立意，能体现出专家究竟想要向后来的学习者和受众表达什么。观点要能够具有导向性，这便要求观点需要具有明确的中心思想、清晰的思想脉络及明确的指引方向。

具体而言，萃取观点的方向要能够清楚选定的萃取主题主要的指导思想或方法论是什么，在企业的希望下该主题如何发展，主导者目前的主张是什么，主导者有一些怎样的观点等。在思想活跃、视角多元的当下，萃取过程应坚持正确的观点和方向，才能达到为公司或主导者做好服务的目的。

三、确定典型事件

典型事件主要有三个作用：一是表现萃取主题的中心，揭示隐性知识转化为显性知识的重要手段。在萃取过程中，典型事件不是任意选择的，它必须能够集中地反映实践的本质，揭示出工作项目的主题。二是能为学习者和受众提供必要的背景知识，让他们能够与了解该主题各方面的情况、有选择地阅读材料。三是使提供学习的主题内容更加充实、生动、具体。运用典型事件来塑造人物形象、萃取经验知识，可以使故事情节更加充实、具体和形象生动。

典型事件的选取应具有代表性，与主题内容息息相关，甚至可以影响整个工作的发展进度。那么，典型事件的选取，应重点将最初启动的事件、传播度最高的事件、评价最好的事件和评价最差的事件纳入考虑范围。

四、填写萃取工具

在对主题进行详细的摸底后，便可以填写《萃取主题准备表》。《萃取主题准备表》作为萃取前期摸底的使用工具，在实际运用过程中非常重要。当把拟萃取的主题确定后，借助《萃取主题准备表》，有把握、有目的地去做事，将精力集中在重点环节上，做起事情来才不会迷茫，也就能让我们更快、更好地完成它。

《萃取主题准备表》主要由六部分组成：

一是拟萃取的主题，需要提取关键词，填写我们准备萃取的主题名称。

二是摸底记录，主要包括背景现状、观点方向、典型事件三个部分，基于我们对摸底信息的整理记录按要求填写。

三是填写萃取目标，涵盖本次萃取可以达到什么目的、完成哪些任务、萃取成功的标准是什么、萃取成果的必备内容有哪些等关键信息。

四是根据已经掌握的背景情况，预估本次萃取的难点是什么，以便提前做好准备，该部分执行的重点在于记录原始素材、被萃取者的量与质、萃取内容完整度等内容，力求准备全面。

五是注意萃取关注点，填写需要在萃取过程中重点关注哪些方面。萃取关注点主要指内训师基于摸底情况需要补充的点或基于基本脉络需要重点挖掘的点，便于在之后的萃取过程中抓住关键信息，避免遗漏重要内容。

六是整理思路，借助脉络图呈现萃取的重点信息，利用关键词找出与萃取主题相关的各类概念之间的逻辑关系。脉络图的主要呈现方式是基于主题所定的基本框架（思维导图）。

表 2-1 萃取主题准备表

萃取主题准备表	
拟萃取的主题	
摸底记录	背景现状
	观点方向
	典型事件
萃取目标	
预估萃取难点	
萃取关注点	
脉络图呈现	

《如何提升客户感知经验萃取》案例分析

通过下面的案例,让大家更加清晰地看到,内训师是如何根据访谈结果,借助《萃取主题准备表》的填写,从宽泛的谈话过程中找到"窄而深"的萃取主题,并一步步挖掘背景信息,将重点内容一环又一环地呈现在我们面前的。

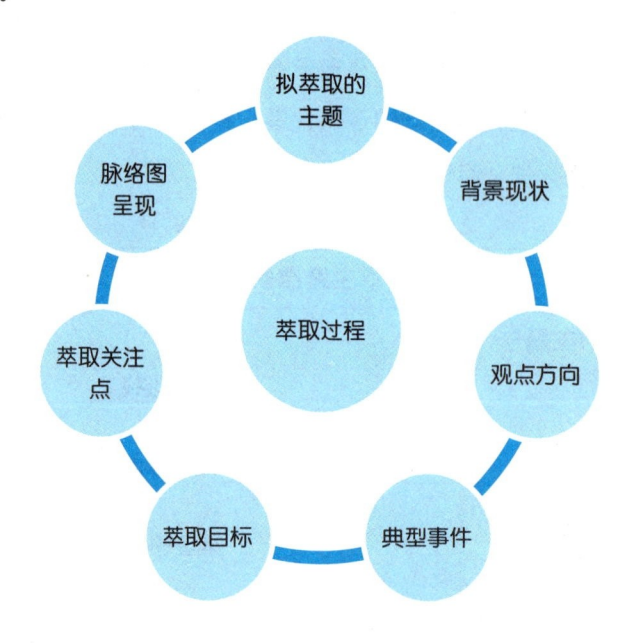

图 2-3 萃取过程

(一) 拟萃取的主题

《如何提升客户感知经验萃取》。

(二) 背景现状

话务座席日常处理用户来电时,有大量疑难问题不好解答、难以解答。对此,集合话务骨干、质检、主管们,对日常工作中出现的并成功解决的工作实例进行经验萃取。

（三）观点方向

日常疑难问题主要分为两大类，一类是主观上不知道怎么解释，即"难解释"；另一类是知道怎么解释，但受客观制约难以帮用户解决，即"难解决"。

（四）典型事件

在"难解释"一类中，用户关于二次放号遗留问题的咨询投诉、关于过户低消需低消考核问题等，该类问题其实在业务办理时就已向用户说明，但再次被用户提出，显得手足无措。

在"难解决"一类中，用户关于网络信号弱、跨区移机、无我方线路住宅区要求装宽带等问题，短时间内确实没办法直接帮用户解决该问题。

将上述"难解释"事件提取关键信息，归类到最初启动的事件中，简要概括为：用户关于二次放号遗留问题的咨询投诉、关于过户低消需低消考核等。

将上述"难解决"事件提取关键信息，归类到传播度最高的事件中，简要概括为：用户关于网络信号弱投诉升级倾向被客服成功避免等。

（五）萃取目标

提取成功经验，找出案例不合适点进行群策优化，形成一线业务员看得懂、愿意看、喜欢看的手册。

（六）萃取关注点

优秀话术的语言结构提炼。

（七）脉络图呈现

一级1：难解释。

一级2：难解决。

二级：各案例主题提炼。

三级1：案例呈现。

三级2：案例萃取结果。

第三章

轻萃取的对象评估

　　评估萃取对象的四个标准：做得好、愿意说、思路清、重点明。但往往来的萃取对象并不能够完全符合这四类标准，这便要求内训师随机应变，具体问题具体分析。在萃取过程中，遇到的萃取对象可简要分为四种类型：完美理想型、沉默是金型、滔滔不绝型、埋头实干型，内训师应按照萃取的标准、评估对象的特征，遵循萃取流程，做好对象评估。

第一节　这些人才是您的萃取对象

　　确定了案例主题，下一步就是找轻萃取的对象。那什么样的对象，会成为经验萃取的生产者呢？假设有两个人同时站在您面前，一个是久经商场、刚在一个月前谈下一笔超千万房地产开发项目的企业经理人，另一个是初入社会的大学生。那么您作为一名内训师，想要获得好的萃取成果，会选择谁作为您的萃取对象呢？毫无疑问，企业经理人作为萃取的对象，要更优于大学生。因为企业经理人身上有多年的职场工作经历和商业经验，这些都是可以作为萃取成果向外推广宣传的，也是他人更乐意学习的东西。并非大学生作为服务对象不好，而是他的经验稍显欠缺。刚登上社会的舞台，他更适合做一个学习者。

　　从上述案例可以看出，什么样的人应该是内训师需要进行萃取的服务对象？什么样的经验更具有萃取价值和萃取意义？这都需要内训师第一时间考虑。如果连人都确定不好的话，后面的萃取很容易出错，萃取的内容也很难具有代表意义。

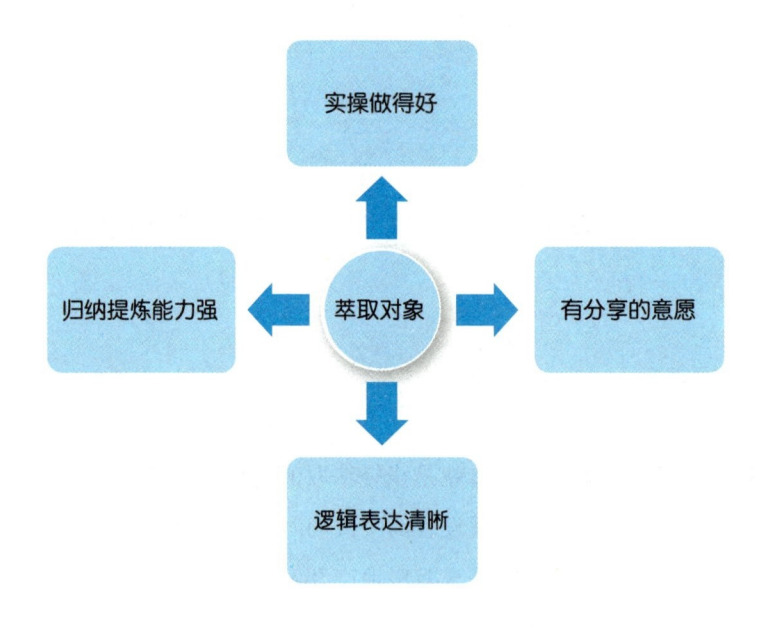

图 3-1　萃取对象选择方法

一、实操做得好

现代社会，专家和行业精英是我们从中获取知识的最佳资源。他们不仅有着丰富的经验和海量的信息，还表现出了对自己领域的热情和奉献精神，他们的见解和思想往往能为我们提供意想不到的启示。

选择实操经验丰富的业务专家、骨干精英等作为萃取的对象，一是考虑到这些专家或精英通常已经在相关领域工作多年，积累了大量的实践经验和技能，能够深入了解行业内的各种问题和挑战。二是实操经验异常丰富的群体，他们不仅了解行业内的最新动态和趋势，还具备专业知识和技能，能够为企业提供有价值的建议和方案。特别是在某个领域或行业内率先创新的企业或个人，他们的经验和思路可以为企业甚至整个行业发展带来有价值的启示和指导。三是这些业务专家、经营骨干、首创人员等优秀实践者，在实践过程中萃取出的有效的工作流程，是依据服务的工作环境提出的，会更适应公司或员工发展。这些萃取出来的经验和知识，能够提高员工工作效率和质量，为其他人提供参考。

因此，企业在谈话、咨询、合作和促进自身内部管理模式创新时，选择这些经验丰富的业务专家和骨干精英作为萃取对象，能够为企业乃至全体员工带来更好的效益和业绩，能够促使问题有效地解决。

二、有分享的意愿

在萃取过程中，选取的业务专家、骨干精英和行业首创者等人，通常希望他们能够有强烈的分享意愿，愿意将自己的经验和知识分享给他人，进而帮助他人提高工作效率和水平。选择愿意分享、积极参与谈话的专家或行业精英，可以让我们从他们的经验中获益良多，进而提升自己的认知水平。

这也要求我们，与这些专家或行业精英进行谈话时，建立起尊重和信任的关系，进而达成良好互动。在与对方交流的过程中，要有目的地提问，保持清晰的思路，逐步深入探讨问题的核心，达成更好的分享和交流目的。

业务专家或行业首创者通常会将自己的经验、知识和思考沉淀下来，编写成书籍、文章、论文、报告等，以便更好地传播和使用。帮助业务专家对自身经验进行沉淀、总结，对于内训师来说是非常重要的。如果一个专家或行业精英认为自己应该为所在领域的发展作出贡献，并将其视为自己职业与生命的一部分，那么他们就会愿意把自己的经验和见解沉淀下来，形成一定的"个人品牌"，并进行分享、推广。这种沉淀意愿通常与专业精神、对领域发展的热情和责任心密切相关。

业务专家、精英骨干或行业首创者通常有强烈的传承意愿，希望将自己的经验和知识传承给后辈，帮助他们快速成长和发展。在某些领域，分享自己的经验和见解常常被视为职业成功的必要条件，是赢得声誉和地位的重要途径。但无论怎样，萃取经验的分享与传播，都能够帮助专家将这些专业知识和业务经验反哺到自己的工作环境之中，他们分享萃取后的经验和见解的渠道也会更多样化，受众面也更广泛。

内训师需要明确的是，专家或行业精英的沉淀意愿和分享意愿由多种因素交织而成，这些品质不仅体现了业务专家和行业首创者的责任感和担当精神，也为行业内的人才培养和发展提供了重要的支持和帮助。

三、逻辑表达清晰

行业专家、精英骨干和首创者等具有思路清晰、逻辑清楚的内在能力，是他们能够外化表达出深入见解的重要因素之一。这些接受萃取的专家们一般拥有出色的口头和书面语言表达能力，以准确传达自己的想法和见解。他们也能够用精准、简洁和恰当的语言表述复杂的概念，并提供清晰的组织思路。

在表达想法和见解时，接受萃取的对象应该具有透彻的分析思路，能够从不同角度深入思考问题，并找到适当的逻辑框架、方法和证据，进行精准、恰当的分析；应该把握住关键信息和知识点，从而更好地传达他们的思路。

与此同时，内训师也应强调要培养萃取对象的逻辑能力，帮助被萃取者搭建良好的逻辑框架，更系统地组织和表达他们的思路与见解。通过规划和组织，可以使论点更直观地呈现，更准确地表达重要的信息。内训师通过萃取对象提供的重点信息，了解到论点的核心思想，更好地记住他们想传达的信息。

建立起清晰逻辑思路的专家，能够将来源于多个领域的信息混合使用，并能从中提取核心观点与关键信息。综合考虑并理解数据和问题有助于他们从事实中分析和提炼潜在价值。需要注意的是，行业专家、精英骨干和首创人员等萃取对象的逻辑表达应该基于事实，并以充足的调查作为支撑，要避免夸大其词或言辞不实。

如对一个机房管理流程工作的逻辑性表述如下：

1. 现有班组划分明确具体化。

2. 建立班组微信沟通群，实现信息即时共享。

3. 逐步建立班组管理标准，班组长各自认领一部分管理内容，并设计相应的规则（对应的PPT、Excel等）。

4. 根据目标合理配置其他科室的资源。

四、归纳提炼能力强

归纳提炼能力强是指某个体在某领域、行业或事件中能够从众多信息及数据中提取出核心观点、重要结论和实用经验的能力。归纳能力强的人能够快速总结大量的信息和经验，并从中提炼出有用的知识和经验，进而加快萃取及解决问题的速度和效率。

一般来讲，归纳提炼能力强的专家通常具有以下特征：

一是方法总结，能够形成自己的方法论。这类行业专家、精英骨干和首创人员等能够敏锐地观察到事情的本质，把握信息与前景趋势，形成自己独特的视角。他们善于从众多信息及数据中找到规律、发现脉络，进而形成自己的看法和观点。并且他们可以对已有的知识体系和经验进行综合，逐步形成自己的理念和方法论。他们擅长总结，并通过提炼复杂问题得出基本结论，形成自己的学术体系、理论体系和实践经验。

二是重点提炼。这类人群可以从众多复杂的信息中筛选出与主题相关的关键信息。能够快速判断信息的优劣，知道哪些数据是可靠且重要的，并及时从中提取出重要内容。他们知道哪些信息可用、哪些可以被舍弃，能够保持清晰的头脑，逐步筛选和收集资料，他们知道如何认定一个结论是可信的，又会结合自己的专业领域解读结论，并有效概括精要部分。

三是角度拔高。将经验知识、观点进行角度拔高是指从更高的层面、更广的视角去理解和应用它们。这种方法可以帮助让浅显的知识和信息超越表面，有利于深入挖掘并理解经验知识或观点的广度和深度，更清晰地表达其内在含义和现实意义。例如，一个企业家可以将他掌握的商业经验进行拔高，将经验从自身企业扩展到更广泛的行业或商业环境中去，以寻求新的商业创新。同样，一个学者可以将自己的学术观点拔高，将其与自己所研究领域外的学科联系起来，挖掘学术观点背后的哲学意义，从而更深入地发现学科之间的交叉和相互联系。通过对经验知识、观点角度的拔高，我们可以获得更全面、更深入的认识和灵感，不断拓展自己的思考和理解能力，以在各自领域中发挥更大的潜力和作用。

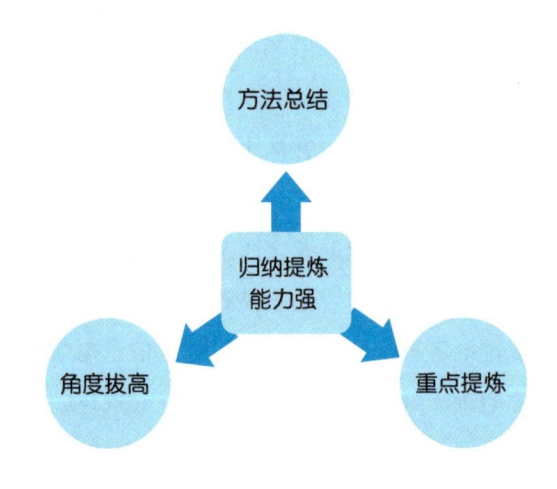

图 3-2 归纳能力强的特征

总之，在萃取前，挑选一个归纳提炼能力强的人开展工作，对总结某个特定领域的经验知识具有非常重要的意义。在工作中，总结经验知识是非常重要的。通过总结，人们可以将过去的经验转化为知识，并在将来的工作中得到应用。这有助于提高工作的效率、准确性和质量，同时也能够帮助人们更好地理解和应对复杂的问题与挑战。而对于归纳能力强的人来说，他们能够更加深入和全面地总结经验知识，并从中发现规律和趋势，以帮助自己更好地应对未来的工作和任务。

第二节 怎么办？来的人不是您要的

往往来的对象，并不是我们理想中的目标群体，那是否还要继续将其作为萃取对象呢？这一节我们将详细讲讲，当目标群体的选择没有实操经验怎么办，不愿意说或不会说怎么办，逻辑混乱、表述不清怎么办，归纳提炼能力差怎么办等问题及对策。

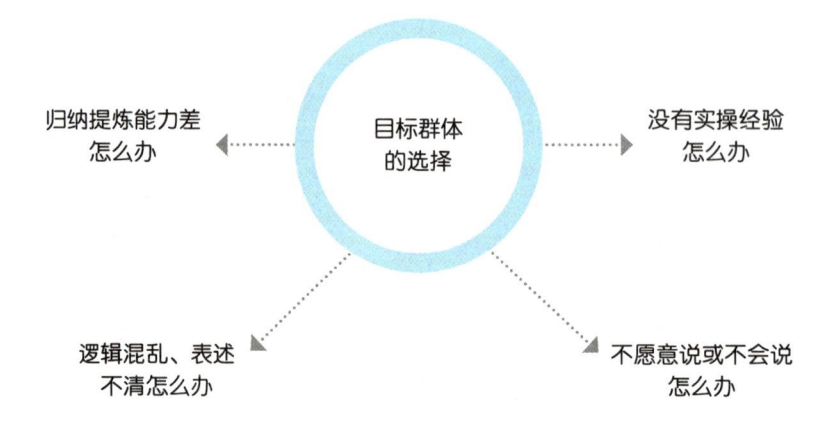

图 3-3　目标群体的选择

一、没有实操经验怎么办

首先需明确的是，不要选择没有实操经验的萃取对象。这是因为缺乏实践经验的人可能在某些方面缺乏专业知识和实际体验，也就意味着他们无法提供有价值的信息。

拥有实操经验的人通常具备在某个领域中积累的知识和技能，并且在这个领域中面临过各种各样的情况和问题。因此，他们可以提供对特定问题或挑战的解决方案，帮助其他人更好地理解并解决问题。例如，如果您正在为医疗保健领域做萃取，选择一名实践经验丰富的医师或护士可以为您提供实用的医疗经验，这些见解是基于其在工作中所面对的实际情况和问题产生的。

选择一个不具有相关经验和知识的人无法保证我们获得质量高的萃取结果。实践经验丰富的人通常能够提供对话题直接且详细的见解，从而使获得的萃取结果能提供更现实和直接的反馈。在很多情况下，萃取一个没有实操经验的人的知识，会加大内训师的工作难度，也会耗费其更多的时间和精力，并且可能无法获得更好的结果。

同时，选择一个没有独特个人经历和观点的人，也无法使我们的萃取案例生动，更别提在观众中产生共鸣了。空口无凭的萃取经验，会让学习者们质疑被萃取者对话题的看法和立场，从而提高萃取的难度，也无法获取我们所需要的信息和答案。除此之外，学习者们很难从这些虚无缥缈的经验中获取想法、灵感和开拓视角的机会，甚至会破坏学习者们自己的专业素养和技能水平，使他们的工作变得更糟糕。

因此，当我们考虑针对某个特定问题或领域进行萃取时，选择拥有实践经验的人可能更加有意义。为了确保萃取结果的可行性，没有实操经验的人，最好不要考虑对其萃取。

二、不愿意说或不会说怎么办

（一）意愿问题

当遇到的被萃取者，是一个会干但不会"说"的人，这个时候首先要判断他是不愿意说还是说话能力存在问题。

如果是个人意愿问题，即自己不愿意说自身的工作经验或知识，那要与他建立信任，让他开口说；同时不要让他瞎说，不要乱说，要客观真诚地说。

1. 着重破冰，建立信任

内训师与被萃取者沟通时，第一件事便是破冰。

与访谈者的信任与友好关系非常关键，这有助于建立一个开放和诚实的对话，访谈者更愿意分享他们的经验和想法。在访谈开始之前，内训师要先向访谈者介绍自己并谈论采访目的和意图。访谈者需要知道自己的意见和想法对内训师很重要，同时也需要了解内训师的背景和意图，这有助于建立信任关系。

一是要注意与访谈者之间的目光接触和表情管理。在接触访谈者时，内训师应确保与他们建立目光接触并保持微笑。这些举动可以增强内训师的亲和力和友善感。同时，也可以减轻访谈者的紧张感。

二是注意倾听和体察访谈者的态度。在访谈期间，内训师应努力倾听访谈者的发言，并通过肢体语言和表情了解他们的情绪，使对方感到被重视，并且给予对方建议和支持，从而进一步增强访谈者对内训师的信任感。

三是要在萃取过程中，显示自己的专业素养。在提炼萃取的访谈中，通过知识和技能来展示内训师的专业知识和经验。这些举动可以帮助访谈者对内训师建立信任，从而更愿意分享他们的经验和见解。

四是要采取适当的交流技巧。能够运用适当的提问、聆听和反馈技巧，这包括提出简洁明了的问题，建立清晰和有针对性的对话，及时反馈访谈者的回答，并鼓励对方分享更多的信息。

由眼及耳到口，可以帮助内训师在萃取过程中建立与被萃取者的信任和友好关系，从而帮助他们更轻松地分享经验和见解。同时，建立良好的关系可以让访谈更加高效、愉悦和有意义。

2. 强调价值，强化荣誉感

在萃取过程中，要能够强调被萃取者的个人价值，强化被萃取者的荣誉感，让被萃取者有信心说，乐于说。因此，强调价值和强化荣誉感是一种有效的激励手段，可以帮助被萃取者更加积极地投入萃取工作中并提高谈话表现与自信。

第一，强调价值可以帮助被萃取者认识到萃取的重要性和意义，从而更加积极投入工作中。比如，作为一名销售人员，了解到自己所销售的产品可以帮助客户解决问题、提高生活质量，那么这个工作就不仅仅是为了赚钱，而是有了更高层次的内驱力。领导可以通过多次强调公司的价值观、使命和愿景来引导员工对工作有更深入的认识。对此，在谈到这一话题时，内训师要引导被萃取者看到自己在销售工作中的重要作用，鼓励被萃取者积极分享自己的经验和知识，让被萃取者将他对工作的认识能够肆意畅谈出来，让被萃取者有话可说。

第二，强化荣誉感可以激发被萃取者的自豪感和信心，从而更有动力去完成任务。比如，当被萃取者在团队中表现突出时，内训师可以公开表扬他们的成果和贡献，让他们感受到被重视和肯定。此外，公司还可以设立一些荣誉奖励制度，如"最佳员工奖""最佳团队合作奖"，让员工有获得荣誉的机会，从而激励他们更加努力工作。

总之，内训师向访谈对象，即被萃取者强调价值和强化荣誉感，其目的是帮助被萃取者更积极投入萃取工作中，更专注于自己所讲的内容。内训师可以通过多种方式来实现这一目的，从而提高被萃取者的访谈表现。

（二）能力问题

如果是个人说话能力存在问题，即自己不会表达自身的工作经验或知识，便需要内训师采取一定的技巧帮助他们表达出自己想要说的内容，采用正确的方法，帮助他们表达出来。

1. 按详细问题序列问答

很多时候不是萃取对象不会说、不愿说，而是不知道说什么，此时就需要内训师直接告诉他要说什么。如访谈内容会涉及什么，不会谈到什么，什么是重点，让萃取对象知道该回答什么，让他心中有数。

内训师和萃取对象在正式访谈前，可以一起根据问题的重要性对其进行优先排序。在访谈开始之前，对提供的问题列表进行排序，并向受访者说明问题的排序规则。以此为基础，让萃取对象从首个问题开始回答。同时，内训师也可以考虑根据访谈者的回答或者反馈，调整下一步的问题。这样可以确保访谈更加深入、有针对性，更加容易得到访谈者珍贵的经验总结。在排序问题时，需要考虑到访谈的目的和受访者的需求，切忌把不重要的问题排在优先位置，浪费宝贵的访谈时间。

回答问题时，内训师要对被萃取对象进行引导，如哪些是需要重点论述的，哪些经验是可以一笔带过的，让萃取对象根据具体情况详略得当地谈。如果问题比较简单，可以简略地回答。相反，当问题比较复杂、需要详细阐述观点或经验时，请萃取对象尽可能详细地回答。同时，萃取对象要根据实际情况决定回答的内容，避免无关的冗长陈述，浪费访谈时间或资源。可见，在访谈问答时，要在尽可能短的时间内提供尽可能多的信息，以提供给内训师更准确的素材，方便其制作最优方案。

通过内训师提供的问题列表，让萃取对象依照问题列表逐一回答问题。这样可以确保回答完整、具体、有针对性，从而更好地了解萃取对象的观点、经验和需求。当萃取对象认真讲话时，要注意听取他们的回答并适时提出一些补充性问题，深入了解他们所表达的意思，使访谈更加深入和全面。

同时，要让萃取对象在回答问题时尽可能详细和具体，以便内训师能够给出更加准确和实用的建议和回复。

2. 让萃取对象提前"预习"

萃取对象可提前预习谈话的项目或案例，对事件做一个比较完整的回忆，方便萃取过程中的交谈，确保信息的准确性。

预习谈话提到的项目或案例事件一般包括以下内容：

一是预习萃取项目的主题和目的，了解访谈的主题、意义和相关问题，熟悉访谈的主要内容和核心细节。

二是预习萃取项目背景信息。了解萃取项目的发生背景、过程背景和结果背景，包括前期行业信息、实践时遇到的困难、团队成员的构成以及在相关行业或领域中的成就和贡献。

三是预习在萃取过程中的回答策略技巧。萃取对象通过了解如何对各类访谈问题作出合适的回答，并准备一些相关例子、经验和技巧来引导支持自己的回答。

四是准备与萃取项目相关的问题。萃取对象可以准备一些与萃取主题相关的问题，以便在访谈中就该项目能够进行深入探讨和顺畅交流。

通过对萃取项目进行预习和准备，可以让内训师更好地了解萃取对象说话的主题和重点问题，提前准备回答策略和素材来帮助萃取对象支持自己的回答，从而使萃取对象在访谈中表现更好，提取更多有用、有趣、有意义的信息。

三、逻辑混乱、表述不清怎么办

逻辑混乱和表述能力欠缺，对萃取会造成不利影响。逻辑混乱会让人听不懂，无法理解萃取对象的观点和想法，导致交流无法顺利进行，影响传达信息的效果。表述不清往往会导致误解，对方可能会根据自己对话题的理解和逻辑推理出偏离事实的观点，从而忽略掉萃取对象本来要传达的想法和信息。逻辑混乱和表述不清会导致萃取对象无法用流畅清晰的语言表达观点，使人难以理解萃取对象要传达出来的观点及其价值，从而降低说服力和影响力。

更为严重的是，逻辑混乱、表述不清会让人产生萃取对象在专业素质、萃取经验或语言能力上存在缺陷、不成熟甚至不专业的印象，从而破坏整个萃取结果的专业度，导致学习者也无法准确理解萃取对象的想法，从而引发对话的无用循环、对峙以及不断补充信息等，降低学习和工作效率。

因此，内训师应该注重对萃取对象的训练，提高其表达能力及逻辑思维能力，以更好地进行交流和表达，避免逻辑混乱等问题的发生。

（一）告知访谈框架

内训师可通过事先准备访谈提纲的形式，借助访谈工具让萃取对象知道自己要说什么，提前做好准备，也能让内训师知道自己该问什么。访谈问题的提纲，应包括核心问题、常见问题、重点问题、有争议的问题等。

1. 访谈框架的重要性

作为萃取对象，在萃取之前提前预习访谈提纲是非常重要的。通过预习访谈提纲，萃取对象可以更好地了解面谈的主题、核心问题以及相关细节，同时也有助于萃取对象更好地准备答案，展示自己的观点和经验。

作为内训师，亦可以通过提前预习访谈提纲来了解萃取的主题和相关内容，更好地为萃取做准备，并提前思考一些可能会被问到的问题和需要重点关注的知识，为萃取对象在面谈中表现更好做好准备，也方便自己提取更多有用的信息。

同时，预习访谈提纲还可以帮助萃取对象更好地了解自己在访谈中需要提供和表达的信息，并帮助萃取对象更好地展现自己的价值和能力。

2. 访谈框架的具体内容

访谈框架的具体内容可以根据萃取对象的需求、萃取项目的重难点而有所不同。一般情况下，以下内容是访谈框架中必不可少的。

（1）访谈框架里要有引言。要在访谈开始之前，先向萃取对象打个招呼并简单介绍自己，让萃取对象了解访谈的目的和主要内容概况，从而打开访谈语境。

（2）访谈框架要含有个人背景。一些与萃取对象相关的信息，如萃取对象的姓名、职业、教育背景、工作经历等，可以帮助内训师更好地了解萃取对象的经历和主要经验领域。同时，这些信息也能帮助萃取对象更好地了解自己及其职业成长。

（3）访谈框架里要有主题及详细问题。在访谈框架中，要明确访谈的主题，列出萃取对象可以深入讨论的问题，以便帮助自己更好地掌握访谈的语境和方向，使访谈更有针对性。

（4）访谈框架里要设计开放性问题和引导性问题。在访谈中，提出的问题分为开放性问题和引导性问题。前者要让萃取对象自由发挥，自由表达观点和想法；后者则是为了引导萃取对象进入某个具体的话题或角度，或者为了协助其整理思路，这种问题往往是一些针对性的闭合式问题。

（5）通过访谈框架要能够进行总结回顾。在访谈最后，要对访谈的主题、内容、结论进行回顾和总结，帮助萃取对象理解和梳理萃取中得到的信息，在总结过程中也可以再次展现萃取对象的意见和界限。

（二）逻辑上引导其表达内容

1. 避免开放性问题，不要让对象不会说

开放性问题对于探究萃取对象的个人经验、内在想法和工作感受是非常有效的。然而，在萃取过程中笔者并不建议使用开放式问题。

一是由于开放性问题的性质，萃取对象需要回答问题并提供信息来解决问题，这可能使他们感到困惑和压力。二是由于开放性问题较宽泛，萃取对象可能会给出与问题无关或无意义的答案，使得内训师难以轻松整理和解释数据。三是由于开放性问题可能会使得萃取对象说过多与主题无关的信息，进而增加内训师整理萃取记录的难度。四是由于萃取对象可能需要在访谈中详细回答个人信息，从而产生不舒服甚至沮丧的感觉。

因此，在访谈中使用开放性问题时，应该注意它的缺点，并尽可能多地使用其他类问题，例如有针对性的问题和封闭性问题，以建立更为全面、实用和舒适的访谈氛围，从而获得有价值的信息。

2. 分解成具体问题

问题的具体细化对于实现有效沟通和有价值的信息收集是非常重要的。将问题细化，能帮助内训师获得更具体的答案，这是毋庸置疑的。

具体化问题可以得到具体、明确的答案，这有助于内训师更好地理解和整理访谈中得到的数据和意见。同时，开放性问题通常容易产生歧义和误解，具体化问题可以消除由于多解释或不确定性所引起的歧义问题，以确保得到的信息是准确一致的。

对于萃取对象而言，将问题细化，能够为他们提供更好的方向感。具体化问题有助于明确目标，并使内训师更好地掌握主题或话题，增强访谈的系统性。

对于内训师而言，分解成具体问题，能够有效提高萃取的效率。这是因为具体化问题可以帮助内训师在更短的时间内获得更多的信息，使访谈过程更加高效、快捷，为内训师节约时间和精力。

问题的具体化有助于提供更准确的答案、减少歧义和误解、提供更好的方向感和提高访谈效率。对于实现有效沟通和收集有价值的信息，具体化问题是非常重要的。

四、归纳提炼能力差怎么办

归纳能力指的是从各种信息中提炼出共同点和规律的能力。如果归纳能力差，会导致萃取对象解决问题的效率降低，因为缺乏归纳能力意味着难以从大量信息中迅速总结出重要信息，寻求解决问题的方法会变得缓慢。

同时，萃取对象归纳能力差，对内训师也是一个极大的挑战。萃取对象归纳能力差，意味着他的整体思路不连贯，难以形成系统化和逻辑化的思维方式，从而使内训师在整理信息时耗费较多的时间和精力，并且难以作出准确的判断，进而影响工作和学习的效率及进展。

那么内训师如何在萃取项目中，提高培训对象的归纳总结能力呢？这需要一定的训练技巧。

图 3-4 归纳能力差怎么办

（一）勤于归纳总结

勤于归纳总结是指在日常萃取工作和学习中，内训师要经常对萃取对象所说的话，采用归纳总结的方法去记录并梳理从中获得的各种信息、经验和知识，以帮助自己更好地萃取经验成果。

如果内训师能够通过萃取对象所讲的话，进行萃取项目的总结和归纳，说明内训师可以更好地帮助学习者和萃取者理解实践经验所表达出的本质和关键点。一个好的内训师，甚至能在访谈结束后便将萃取对象讲的内容进行逻辑梳理和语言归纳。

对于工作中的复杂问题，内训师要能够采用归纳总结的方法，帮助萃取对象梳理出问题的本质和关键点，降低处理问题的难度。更为重要的是，通过归纳总结可以帮助萃取对象将相关的内容进行整合和分类，形成系统化思维方式，提高思维的连贯性和逻辑性。

在职场中，勤于归纳总结是十分有必要的。我有一位朋友大专毕业后直接进入某地的一家汽车销售服务公司做销售，虽然起点比较低，但他通过努力工作，短短两年就坐上了销售经理的位置。当我询问他的成功秘诀时，他说自己就一个诀窍——勤于归纳总结。他说，自己最初进入这个行业时，经常在下班后不断地总结自己成功实现销售的经验，训练与人交往的能力，甚至有时工作到凌晨三四点，目的是能够快速提高自己的职业技能。例如，他通过总结过去的销售经验和成功斩获的项目，以发现成功和失败的规律，从中厘清规律，判断什么样的群体更愿意为自己销售的产品买单，什么样的聊天方式更能够吸引顾客的好感，并通过不断地练习来提高销售人员的绩效。他们公司每周还会组织一场会议，总结和分享大家学到的销售新技能和知识，以获得更全面的理解和新的技巧，以便更进一步地提高销售单量的成交率。

由此可见，对萃取项目的归纳总结，还可以帮助学习者和萃取对象在工作和学习中不断地反思自己，总结成功和失败的经历，将有用的经验转化为可推广宣传的萃取知识。

（二）重复确认其表达本质

通过让萃取对象多次确认重要信息，可以减少对萃取项目的误解，确保信息的准确性。也可以减少萃取对象和内训师在某个概念上的分歧，从而提高双方沟通的效率。当内训师向萃取对象反复确认其表达本质的时候，其实就是在告诉对方，这个萃取很重要，不要掉以轻心。这样一定程度上能够保证萃取对象对此次萃取过程上心，而不是随意地敷衍了事。

对于内训师而言，在萃取过程中，可以不时地总结并概括对方所说的观点和信息，确保自己已经正确理解了对方的意思。同时，可以询问对方更多的细节和背景信息，以便更加全面地了解对方的观点和意见，甚至可以通过给出自己的理解来确认对方所表达的本质含义，以此统一双方对话题的理解。在访谈结束之后，一些认真负责的内训师，可能会对整个萃取过程中的观点再次进行回顾和总结，以便确认自己已经正确理解和记忆了对方所表达的本质含义。

五、遇到符合萃取四标准的对象后要怎么办

那么，当内训师非常幸运地遇到了符合以上四项标准的人，是不是就意味着内训师在萃取过程中，可以放手，完全不用管了呢？当然不是。

内训师在整个萃取过程中，应时刻扮演好萃取对象引导者的角色，并为萃取对象提供必要的支持，以确保萃取对象能够充分发挥自己的潜力，使得萃取出来的成果真正为他人所用。

当遇到符合萃取四标准的对象时，首先，内训师要做好文本收集工作，把握萃取对象谈话的重点内容和关键信息，及时做好记录反馈。其次，内训师应不断向对方明确萃取的主题和任务目标，保证萃取对象谈话内容不要跑偏。如果萃取对象过多谈论与本次主题无关的内容时，内训师要及时提醒，将话题引入萃取的主题上来。最后，内训师能够为萃取对象提供萃取的成功模板，引导萃取对象完成萃取项目的自我总结及提炼。

第三节 随机应变，
不完美的萃取对象这样处理

一、四类对象及萃取对策

回顾上节内容，萃取对象可简要分为四种类型：完美理想型、沉默是金型、滔滔不绝型、埋头实干型。具体描述如下表所示。

表3-1 四类对象及萃取对策

萃取对象类型	实操经验	分享意愿	逻辑思考能力	归纳提炼能力	萃取对策
完美理想型	√	√	√	√	明确萃取主题及目标，提供成果模板，引导完成自我总结及提炼重点。

续表

萃取对象类型	实操经验	分享意愿	逻辑思考能力	归纳提炼能力	萃取对策
沉默是金型	√		√	√	分享意愿： ①着重破冰，建立信任； ②强调价值，强化荣誉感。 表达能力： ①按详细问题序列问答； ②让萃取对象提前"预习"。
滔滔不绝型	√	√			告知访谈框架，引导其进行表达； 避免开放式问题，将开放式问题分解成具体明确的问题； 勤于归纳总结，重复确认其表达本质。
埋头实干型	√				分享意愿： ①着重破冰，建立信任； ②强调价值，强化荣誉感。 表达能力： ①按详细问题序列问答； ②让萃取对象提前"预习"。 告知访谈框架，引导其进行表达； 避免开放式问题，将开放式问题分解成具体明确的问题； 勤于归纳总结，重复确认其表达本质。

（一）完美理想型

完美理想型具有明显的实操经验丰富、分享意愿强、逻辑思考能力高、归纳提炼能力强的特点。内训师可以根据萃取项目目的和情境来确定合适的萃取对象。例如，在关于某个商业谈判的萃取案例中，完美理想型的萃取对象应是公司深度参与项目的高管或代表，他们具有决策权和专业知识，语言逻辑能力强，案例建构条理清晰，且愿意分享自己的成长经历，通过与此类萃取对象沟通，我们能够更轻松地建立联系并把握萃取项目的深度。

（二）沉默是金型

沉默是金型具有实操经验丰富、逻辑思考能力高、归纳提炼能力强的特点，但在谈话分享这部分意愿不是很强烈。对于沉默是金型的萃取对象，内训师首先应该提高对方的分享意愿，一是着重破冰，与萃取对象建立信任，找出共同语言和共同经历；二是强调价值，强化萃取对象的荣誉感，尽量保证整个访谈让萃取对象感到轻松自在。另外，内训师还应锻炼萃取对象的表达能力，让萃取对象按详细问题序列进行问答，引导萃取对象的回答思路。最后，内训师可以通过让萃取对象提前"预习"谈话内容的方式，让他做好准备，知道自己该讲什么。

（三）滔滔不绝型

滔滔不绝型具有实操经验丰富，且有极高的分享意愿，但逻辑思考能力和提炼能力稍微薄弱的特点。对待滔滔不绝型的萃取对象，首先，内训师要提前与之沟通，告知萃取对象访谈框架，按照逻辑顺序引导其表达内容，让对方按照框架作答。其次，内训师应更倾向于使用封闭式问题，尽量避免向萃取对象提出开放式问题，要能够将开放式问题分解成具体明确的问题。最后，内训师要注意提醒被访者时间有限，对萃取对象回答的要点随时归纳总结，重复确认萃取对象在滔滔不绝的讲述中所表达出来的本质。

（四）埋头实干型

埋头实干型具有实操经验丰富的特点，但没有太大的分享意愿，也缺乏一定的逻辑思考能力和归纳提炼能力。对待此类萃取对象，内训师要加大培养力度，不仅要采用着重破冰、建立信任和强调价值、强化荣誉感的方式提高萃取对象的分享意愿，还要培养萃取对象的表达能力，告知访谈框架，提前预习，按详细问题序列引导萃取者回答，确认萃取对象所表达事物的本质。

二、萃取对象评估

在萃取前，如何确定萃取对象是否为最佳人选？这便要求我们对萃取对象进行一个科学的评估，评估一般需要四个步骤：一是判断主体行为；二是列出候选对象；三是按标准评估，并确定对象；四是参照对象类型，做好访谈准备。

图 3-5 萃取对象评估

（一）判断主体行为

所谓判断主体行为，通俗来说，是指判断的萃取项目是团队行为还是个人行为。这关系到我们对萃取项目中参照对象类型的选择问题。

如果是团队行为，一般由多个对象共同完成，那么就要考虑多个对象之间的基本信息、工作背景、团队契合度、协作能力等，就要分清谁是领导者，谁是任务的执行者，谁是出力最多的人等情况。团队行为的萃取更多注重团队的综合能力。

如想萃取《一个团队如何撬下百万保险单》的项目主体，就得对整个团队的人员的工作分工都进行调查和了解，而非单单萃取保险经理的成功经验。

如果是个人行为，与萃取团体行为的经验完全不同，个人行为需要考虑的因素包括个人的基本信息、工作经验、前期项目中担任的角色，甚至还要考虑个人工作风格、工作习惯、沟通能力、管理效能、抗压感等。个人行为的萃取更多注重个人的工作技能和实践经验。

如选定《九年减脂经验分享》的萃取主体，一看便知是对个人如何坚持减脂的一个经验介绍，且有明确的时间和事件。此选题针对的是个人减脂的问题，而非团队行为经验总结。

（二）列出候选对象

当判断完需要萃取的主体行为，内训师便可以列出能够进行萃取的候选对象。下面将以萃取对象是团体的项目进行讲解。

第一点，团队行为的经验萃取中，内训师要能够看到这个萃取项目的主体是什么和他所领导的事务的导向包括哪些，即要知道萃取的东西是什么。

第二点，内训师要梳理清楚该萃取的团队行为案例中，萃取成员包括了哪些人。在一个成功的商业项目中，肯定会有领导者、执行者、支持者、投资者等角色的出现，那么这些人具体是谁，担任什么职位，都是内训师需要做好背景信息调查的。否则连人都搞不清楚，还谈什么团队经验萃取呢！

第三点，团队萃取也叫小组的共同萃取，其中团队共创的萃取也是内训师需要掌握的一种重要萃取方式。内训师会通过组织一个小型会议，邀请相关的工作人员来到现场后，聚在一起，共同分享经验和项目知识。

第四点，内训师要能够熟练掌握萃取技巧，遵循萃取的原则和标准，促进团队成员之间的了解。同时，内训师也要去综合运用结果案例提供的各项信息，让后来的团队学习者们领会萃取得到的提升团队能力的经验和知识。

（三）按标准评估，并确定对象

按照萃取的标准，评估对象的特征，判断对象是否符合萃取选题的条件，最终确定萃取的对象。

假如选定《关于某集团如何开展客户运营》的萃取主体后，摆在面前的有两个萃取对象：其一是某集团CEO，他创办了这个集团，先后担任过集团副总裁、首席执行官等职务；其二是客户运营部的总经理，他有10年的客户管理与运营经验。以上两个人都可以成为萃取对象，作为内训师应该选择哪个呢？

由于这个萃取案例是关于运营方面的，多数人都会认为选择运营经理最合适，因为他的运营经验肯定比CEO丰富。但参照上述第一条所说的，在选择萃取对象之前，首先要判断主体行为，这个萃取项目主要针对的是个人行为还是团队行为呢？当然是团队。所以仅靠运营经理一人的经验是完全不够的。

在这个萃取案例中，应该这样确定萃取对象：

萃取对象1：运营经理——10年间带领团队提高客户运营能力的经验分享。

萃取对象2：集团CEO——对客户运营部的管理分析。

萃取对象3：一线深度参与客户运营的员工。

（四）参照对象类型，做好访谈准备

对象确定下来，内训师下一步就可以通过参照对象的类型，提前为访谈做好准备了。

以前面的《关于某集团如何开展客户运营》的萃取项目为例。在萃取

前，内训师需要为聚焦萃取主题提前做好以下几个方面的准备。

一是萃取环境的选取。选择封闭、安静、无外人打扰的环境进行萃取活动。嘈杂的环境不仅不利于隐私的保护，而且容易干扰萃取的进度，影响最终的萃取效果。

二是萃取的人员拟定。在该案例中，内训师要清楚地知道萃取的人数，他们的年龄、性别、新老比例、负责分工是怎么样的，他们平时是怎么学习的。同时，对萃取对象的讲话顺序要有一个简单的设想，对什么人、什么时间段需要重点关注，内训师都要做一个提前的计划。

三是确定每一阶段的访谈目标，包括整个萃取项目的总目标及细分目标，目标要能够确切可行，可实现，可检测，而不是泛泛而谈。《关于某集团如何开展客户运营》这个主题，能够帮助该领域的从业人员解决什么问题？萃取对象在处理这些问题时，好的标准是什么？萃取对象处理这些问题时的技能水平怎么样？针对这些问题，内训师应从各个角度思考自己能为得到更好的萃取成果所采取的措施，不能盲目地萃取，临上战场才决定采用什么战术、使用何种"武器"是万万不行的，任何一次成功的萃取都需要做好准备。

案例分析

某省客服部话务运营中心萃取成员筛选。

（一）萃取主体与指导思想

1. 提升客户感知经验萃取。
2. 从业务中来，到业务中去。

（二）萃取组成员构成

1. 话务坐席业务骨干、精英。

2. 话务坐席业务新员工、储备人员。

3. 话务坐席业务质检员。

4. 话务中心主管。

5. 其他人员。

（三）人员说明

1. 业务骨干的基本特征是具有经验（做得好）。

2. 质检员、主管最清楚业务痛点、难点（做得好，重点明）。

3. 做过内训师的业务骨干最具分享意愿（做得好，分享意愿强，思路清，重点明）。

4. 新员工作为经验的直接受益者，知道同为新员工所遇到的工作难题，同时也可评估萃取的经验是否通俗易懂以及接地气。

（四）萃取组内分工

1. 引导师由担任过部门内训师的业务骨干担任，负责统筹、引导、把控萃取工作进程。

2. 计时员、记录员由两位成员分别兼任。

3. 说课员角色，由小组成员轮流担任，主要负责本组成果讲演。

第四章

轻萃取前的准备工作

在正式萃取前，内训师与被萃取者建立相互信任的关系，准备好访谈工具，为萃取过程中的故事挖掘做好准备。首先，内训师要有一个良好的开场设计，用开场破冰四句话，快速打开访谈局面：一塑形象、二立目标、三增信任、四造氛围。其次，能够借助SAM-ISM模型（六有模型）——有步骤、有目标、有要点、有工具、有情景、有对策，复原故事情节，推演实践项目。再次，通过科学的提问方式，深挖故事核心，掌握项目细节。最后，借助各类物料材料，抓取被萃取者话题中的重点信息，完成"故事深挖"的框架拟定。

第一节 开场破冰四句话,快速打开局面

开场破冰是在社交场合中非常重要的一步。它可以帮助被萃取者打破与内训师的陌生感和紧张情绪,让双方更加放松自在地交流和沟通。一个成功的开场破冰需要考虑到场合、人群和主题等因素,可以采用一些轻松、幽默、有趣的方式来引起大家的兴趣和注意力,也可以采用一些互动的方式来促进大家的参与和交流。掌握开场破冰的技巧,能快速帮助内训师打开萃取局面。

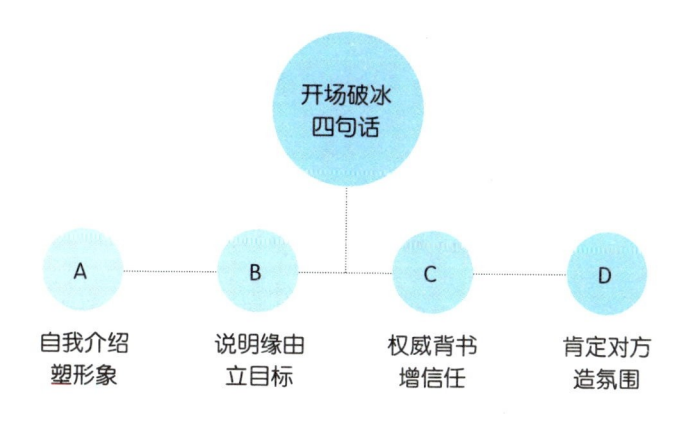

```
              开场破冰
               四句话

    A          B          C          D
  自我介绍    说明缘由    权威背书    肯定对方
  塑形象      立目标      增信任      造氛围
```

图 4-1 开场破冰四句话

一、自我介绍塑形象

在开展萃取活动前，无论面对的被萃取者是第一次接触的生产专家，还是公众熟知的名人，内训师要做的第一件事就是把自己的姓名和身份介绍出去。告诉被萃取者，我是谁，我是来干什么的，做自我介绍的首要目的就是赢得对方的信任感，不要扭扭捏捏、支支吾吾，让对方觉得您是个骗子，是来骗取他的经验成果的。

当然，如果内训师与被萃取者很熟，也不能省略了自我介绍这个环节，可以稍微缩短一下沟通话语，保证自己活动流程的专业度。

内训师修炼的第一个技能应该是快速建立与萃取者的信任感。内训师面对众多的生产专家、行业领袖、专业佼佼者，在他们看来："如果我不相信您，那我凭什么要把我的经验和知识积累告诉您呢？"内训师经常会面对被萃取者的这些疑问。当内训师的身份和角色不被被萃取者所信任时，是很难让被萃取者敞开心扉聊天的。因此，先行一步自报家门，真诚地应对被萃取者提出的"疑问"，才是内训师第一时间要向萃取者们做的事。

二、说明缘由立目标

自我介绍完以后，就可以向被萃取者陈述开展访谈的缘由了，即陈述清楚访谈的主题和访谈的目标。这一动作的目的是告诉对方，作为一个内训师，来这里的目的是什么，以及萃取项目会占用您多长时间。

访谈的目标是收集和分享有关某个主题或个人的信息及观点。不论是生产专家还是行业名人，每个人的时间都很宝贵，为了保证项目的顺利萃取，与被萃取者确定好访谈时间是十分有必要的。在访谈开始前，需要清晰地说明访谈的目的，要向被萃取者说明访谈是为了了解他们的工作主题或个人经验，并分享给听众。对于主办方，内训师也要事先说明访谈是为了提高自身品牌知名度，吸引更多关注和赞助。

三、权威背书增信任

什么是权威背书？简单来说，就是为了增强与对方的信任感，内训师需要按照三个固定的回答模式告诉他，第一，讲清楚我会来到这里进行访谈的原因。第二，说明白我来到这里的具体工作。第三，事先讲好证明我们现在的工作是经过领导的认可和授权的。

其中第三点是让被萃取者对访谈的合法性和正当性产生信任，也能避免任何潜在的法律问题产生。同时，指出访谈的授权和认可也有助于提高主办方的信誉和公信力，在访谈中保持积极配合的态度。总之，在访谈前告知访谈合法性和合规性的信息，可以增加访谈的信任度和有效性，并防止意外事件的发生。

四、肯定对方造氛围

在访谈中，要肯定被萃取者的地位，通过鼓励性话语，让对方感受到自己是被尊重和被肯定的。内训师可以使用"是领导推荐了您""同事举荐了您"这样的话语，去让对方感受到，能参与这个萃取活动中的人，都是非常优秀的，在公司是很出类拔萃的。

同时，内训师也应该注意不论访谈对象的背景、观点和经历如何，都应当保持尊重和包容的心态，以求达成萃取的目的。如果担心别人听不懂萃取相关的术语，内训师可以将这些专业术语转变成让对方容易接受且简单直白的词汇，比如将"萃取"换成"来听听您的分享""和您进行一些交流"等。

在萃取过程中，如果访谈对象提出的观点或经验有值得肯定的地方，内训师应当提出表扬，并积极向外推荐。同时，也可以就观点和经验展开深入讨论，加深听众对主题的理解和认知。

肯定访谈对象的价值有以下好处：第一，提高访谈的品质。通过肯定访谈对象，可以增加访谈的积极性和合作性，促进访谈的顺利进行，并增加访谈的参与度和吸引力。第二，增加听众的认同感。访谈对象的价值被肯定，听众也会更加信任和支持访谈对象，从而产生更高的认同感。第三，增强访谈对象的自信心。通过肯定访谈对象，可以增强他们的自信心，提高自我认知，从而进一步展现出他们的价值和优势。第四，促进合作和发展。通过肯定访谈对象，可以带来更多的合作机会和商业机会，促进其不断发展。

总之，在访谈中要保持尊重和包容的态度，肯定访谈对象合理、有价值的观点和经验，并展开深入讨论，提高访谈的效果和质量。

第二节 访谈萃取核心"武器"

在整个生产实践的过程中，萃取出来的经验都是经过一系列行为积累得到的，那么内训师如何在重现故事原貌的基础上，最终深挖出故事的核心呢？这便需要借助 SAM-ISM 模型（六有模型）作为萃取项目的推演工具。

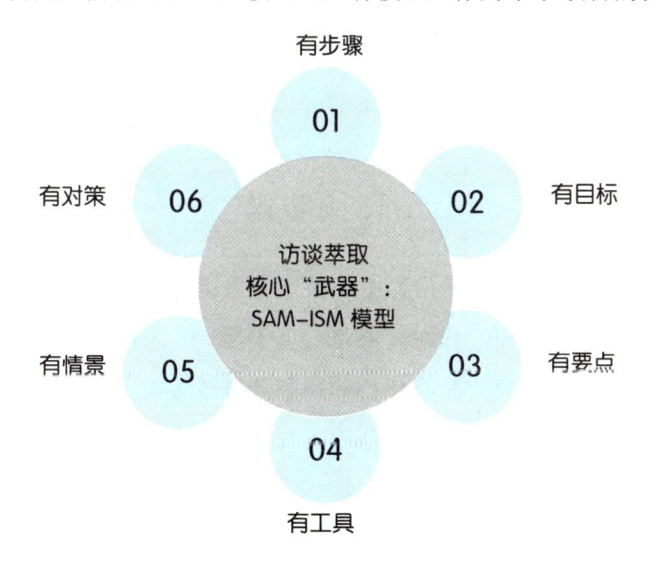

图 4-2 SAM-ISM 模型

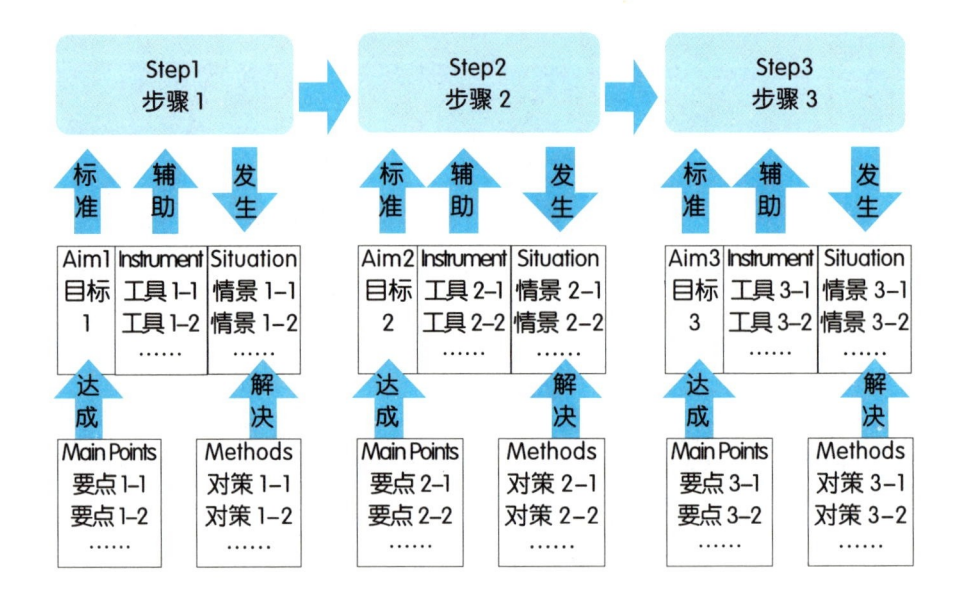

图4-3 六有模型

一、有步骤

SAM-ISM模型（六有模型）中，第一个关键词是步骤（Step）。一般来说，内训师在做调研工作时，不是一下子用一个问题就能让被萃取者把整个故事全回答完，肯定是将核心的问题分解成各个具体的小问题，细细地去询问。因此，内训师在跟被萃取者交流时，常用的话语模式是按照调研的工作流程，一步步地提示对方。

在萃取访谈中，内训师有时会进行发散性询问，或是对被萃取者的话做一些主观性判断，这都是不对的。因为对于生产专家或被萃取者来说，他们应对发散性问题是需要时间的，让他们一下子就作出结构性表达也是极具挑战难度的。所以，内训师一定要遵循访谈的步骤，只有循规蹈矩地询问对方，才能提高访谈的效率。

二、有目标

有步骤还不够，还要有目标（Aim）。访谈要有目标是因为这样能够使整个过程更加有意义和有效。如果没有明确的目标，讨论就容易变得漫无目的而缺乏重点。此外，目标能够帮助确定议题、保持焦点、提供指导、识别问题、帮助规划以及优化交流等，从而更好地促进沟通和达成共识，为实现双方的目标提供方向和帮助。

确定了目标，能够帮助我们更好地识别萃取过程中访谈对象提出的关键信息，知道自己的工作要往哪个方向走。

如在开展关于保险行业中的《定向介绍的四个关键点》的萃取项目时，通过明确目标，内训师可以更加有针对性地分析优秀的保险员在过去的定向转介绍中做出的主要工作，并确定该对象是如何进一步改进和提高保险签单的效率和品质的。此外，目标还能够帮助我们梳理被萃取者在成功的定向转介绍工作中的内容，进一步帮助被萃取者优化工作流程，从而为下一阶段的工作提供指导和支持。总之，目标能够使萃取变得更具有价值，对个人和团队的工作和发展更具有重要意义。

三、有要点

在步骤和目标之后，就是要有萃取的要点（Main Point）了，即萃取要有关键点，不是盲目萃取，更不是对被萃取者说的话一字不漏地全盘复制。有些内训师萃取出来的东西，自己都搞不清楚关键点是什么，他们的成果更像一份流程性的工作报告，看似什么都讲了，但没有重点，没有对整个故事规划围绕主题的具体步骤，这样的萃取其实是毫无意义的。

萃取过程中，强调内训师注意访谈要有要点，主要是因为有要点的访谈要比无要点的访谈更有助于保持被萃取者的关注度和明确讨论的范围，避免了访谈主题的散漫和无效。有了要点，访谈双方可以更加有效地交流和探讨特定话题，讨论更加有条理。

要点还有助于确定参与者的角色和职责，明确讨论的目的和期望，使整个访谈过程更加有序和高效。通过有要点的访谈，访谈双方可以更好地了解观点，准确表达观点，避免无关话题的插入和不必要的时间浪费。因此，访谈要有要点可以提高沟通和理解效果，避免互动的冗杂和无纪律性。

四、有工具

我曾经做过一个珠宝行业的市场调查工作，在调研结束后，为聘请我服务的这个珠宝公司制作了一个关于市场调查的五角星模型。这个模型的设计主要以五角星的五个角为五个维度，每个维度里都有相应的内容需要填写进去。最后在萃取时，我便用这个五角星模型，对照市场调查的情况，把调研结果一一填写进去，便很容易地帮助我们拿到了可以复制推广的萃取结果。这个例子说明了借助萃取工具，可以更有效地进行萃取，也更容易向外复制推广萃取经验。

借助工具（Instrument）进行萃取是一种常见方法，它能够帮助内训师更加系统化和科学化地进行语言信息采集和分析。这些工具通过定义研究问题、采集相关语言信息、进行信息分析等一系列流程，帮助内训师全面深入地了解被萃取者、萃取目标和萃取范围，识别重要问题和机会，为萃取结果的完整呈现提供依据和支持。在借助工具进行萃取的过程中，内训师需要注意工具的选择和适用性，合理设计访谈提纲和调查方案，准确解读信息结果，同时结合实际情况和后续研究目的，不断改进和完善萃取过程及经验成果。

萃取工具需要具有可操作性。萃取最终的目的是将大脑中的知识和经验转化为有目标、可推广的具体行动。因此，这意味着萃取应该能够产生实际可用的工具、策略和方案，以帮助组织或个人改进工作、解决问题和实现目标。例如，一个市场调研可能会得出一份市场分析报告，其中包括针对特定市场的目标用户、消费行为、竞争环境等方面的数据和分析结果。为了使这个萃取项目具有可操作性，内训师可以根据围绕这些维度制定营销策略、商品定价、宣传活动等具体的实施工具，以达到实际应用的目的。

五、有情景

情境（Situation）是指被萃取者在整个所讲述的故事中所遇到的问题是什么，被成功解决的方法是什么。

萃取最重要的环节，就是看被萃取者在这件事情上面，到底遇到了哪些困难，这些困难是怎么解决的。无论是经验萃取、案例萃取，还是内训师遇到的所有的萃取，都在围绕着整个挖掘故事的过程，完成故事要素的一个情景重现。

访谈得到的故事要有情景，是因为情景可以帮助后来的学习者更好地理解和感受故事背后的意义和情感。情景是指故事发生的场景、时间、氛围等背景信息，它可以使得故事更加具体、生动，让读者和听众产生身临其境的感觉，更容易被故事所吸引，产生共鸣和认同。例如，在一篇房地产投标项目的萃取故事中，如果能够描述投标时的激烈场景，以及被萃取者当时的情绪、态度和困难等，其他人就可以更快地理解访谈的目的和意义，对萃取主题的深度和广度有更为清晰的认识。因此，访谈的故事要有情景，这可以增强萃取故事的感染力和吸引力，让大家更好地理解故事和掌握故事背后的信息及意义。

六、有对策

情景和对策，通常而言，在萃取过程里是放在一起说的，有问题、有困境就是有情景，被萃取者如何成功解决就是有对策（Method），根据前面讲的，萃取肯定是对成功实践的经验总结，因此对策肯定也是在当时那个情景下的所做出的正确选择。

被萃取者解决问题的过程肯定有可供他人学习和借鉴的对策，这也是我们萃取需要重点关注的内容。问题对于个人和组织来说都是普遍存在的，在面对问题时，被萃取者会通过不断思考和采取具体的措施来解决问题，而非陷入困惑或苦闷中。当被萃取者在陷入困境时，思考出的解决对策，可能需要经过仔细的计划、实验和调整，才能够达到最终的效果，而这些在临危关头所运用到的逻辑能力和得到的知识经验更是需要我们萃取和学习的。

例如，在一个萃取关于如何解决员工流失问题的项目中，被萃取者先是找出产生员工流失这个问题的原因，然后依据公司的资源和条件，制订出了更好的员工福利计划、提高员工的工作满意度等具体措施，成功让公司员工流失率大大降低，降低了人力成本，从而使总公司下的各分公司纷纷学习效仿。

问题的解决要有对策，这是因为仅仅解决问题本身只是暂时的，还要有对策，这才能帮助解决根本问题，从而防止问题再次发生。例如，在一家公司中，因为员工缺乏专业技能，导致工作效率低下，相应的对策是给员工提供培训机会，让他们获得更多的职业技能，从而提高整个团队的工作效率。这样一来，问题将不再是问题，而是成为一个机会，给公司带来更多的价值和贡献。因此，问题的解决要有对策，只有这样才能够客观、有效地解决问题。

再比如，2020 年，位于 B 城市的 H 汽车销售公司即将进入关键的设备联调阶段，但是此时各部门的人员到位情况却并不理想，特别是作为保证产品质量的质量部，几个关键岗位还没有候选人。为了解决这样的问题，人力资源部长当机立断，调整了人员配置，额外开发了人力资源辅助性助理岗位，将招聘工作划分给助理团队全面负责，在相关团队成员紧锣密鼓的工作下，迅速招聘相关人员入职到岗工作。

第三节　如何将故事一"挖"到底

故事是内训师与被萃取者之间交流和传递信息的重要方式之一。故事可以帮助内训师更好地理解萃取主题的本质，帮助企业更好地传递品牌形象和经验价值观，吸引更多学习者和忠实粉丝。

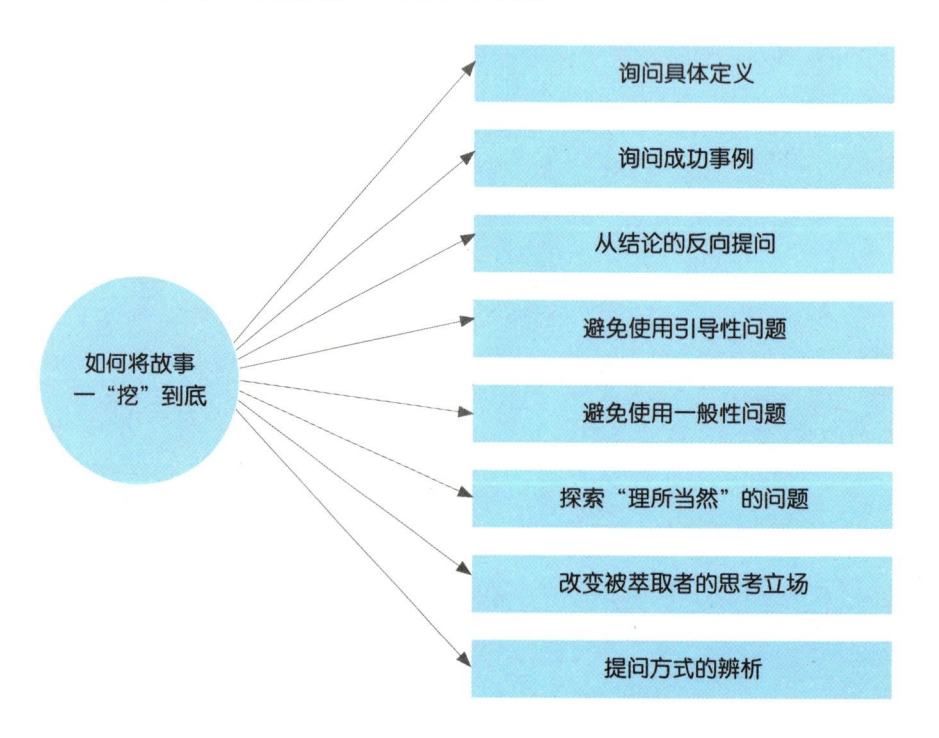

图4-4　如何将故事一"挖"到底

一、询问具体定义

（一）您能不能告诉我这个词的具体定义

内训师在做萃取的时候，可以向被萃取者询问一些关于具体定义的问题，比如"您能不能告诉我定向转介绍的具体定义"或者"商会一般是什么样的"，通过这种询问具体定义类的问题，让被萃取者能够答得上来，也能方便我们理解。而让被萃取者回答不上来的问题，要慎重去询问。

访谈时要求被萃取者进行内容释义，其主要目的在于确保双方理解的一致性和准确性，避免产生误解和沟通障碍。在访谈中，可能会涉及各种专业术语和概念，如果双方对这些术语和概念的理解不同，就会导致交流失败和信息损失。因此，要求对方进行内容释义，可以帮助自己更好地理解对方的话语，同时也可以协助对方更清晰地表达自己的观点和想法。这样可以提高访谈的效率和质量，促进信息的准确传递和沟通的顺畅进行。

当被萃取者告诉内训师某个词的具体定义时，其实也是为了确保大家在交流时使用相同的语言，避免对方不清楚自己所讲的内容。如果某个词的具体含义不明确，双方理解可能不一致，导致沟通时容易产生困难，引起歧义。因此，通过告诉对方某个词的具体定义，可以建立共同的语言和理解，使得交流更加顺畅和明确。这也是为了避免产生误解和纠纷，提高双方的沟通效率和质量。

```
询问具体定义 ── 01 您能不能告诉我这个词的具体定义
              └─ 02 您所考虑的"满足顾客"具体指的是什么
```

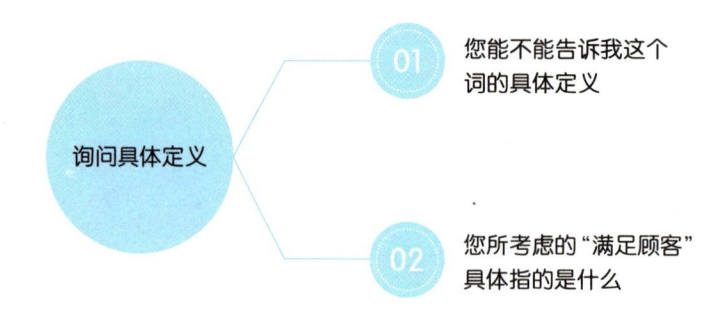

图 4-5　询问具体定义

（二）您所考虑的"满足顾客"具体指的是什么

在了解被萃取者所讲的专业概念后，内训师为了深入挖掘对方的想法，可以进一步询问被萃取者："您所考虑的'满足顾客'，具体指的是什么？"并期待对方能够作出回应。

之前在北京做一个关于海外图书销售经验的萃取项目，当时那位图书经销商给了我一个很好的解释，在这里可以分享给大家。她说："满足顾客是指在满足顾客需求和期望的基础上，让顾客感到满意和愉悦，进而建立长期的信任和忠诚，推动企业的可持续发展。"具体来说，满足顾客包括了解顾客的需求和期望、提供高质量的产品和服务、及时有效地解决问题、关注顾客的反馈和意见、建立良好的沟通渠道和关系等。通过满足顾客的需求和期望，企业可以获得更多的客户和业务机会，提高品牌声誉和竞争力，创造更多的价值和利润。对于这位图书经销商而言，满足顾客就是为顾客提供让其感到满意和愉悦的图书供给服务。

无论对哪个行业而言，满足顾客是企业持续发展的基本前提和核心竞争力之一。满足顾客的重要性在于提高企业的竞争力和长期发展能力。首先，满足顾客可以带来良好的口碑和声誉，吸引更多的潜在客户和业务机会。其次，满足顾客可以促进客户忠诚度的建立和维护，减少客户流失率，降低企业的营销成本。再次，满足顾客可以带来更好的经济效益和利润，提高企业的市场占有率和财务绩效。最后，满足顾客可以推动企业不断改善和升级产品和服务，保持与市场环境的接轨和竞争优势。因此，对这类问题的询问，对于内训师而言是非常有必要的。

二、询问成功事例

内训师询问什么才能让对方更愿意打开话匣子呢？首先，询问被萃取者已获得成功的相关事例。询问对方成功事例的重要性是非常关键的，这有助于为内训师提供灵感和启示，帮助他们更好地萃取成功经验背后的真正含义和实践方法。其次，听到成功故事，也能激励后来的学习者有更大的动力去追求被萃取者的成就。最后，成功事例还可以增加访谈对象的可信度和权威性，让人们更愿意听取他的建议和经验分享。

对成功事例的询问，内训师可以借鉴以下话术，如询问被萃取者："您能分享一次您最引以为豪的成功经历吗？""您在工作中遇到过最大的挑战是什么？您是如何克服的？""您曾经做过一个项目或任务，结果远超预期，请分享一些您所采取的战略和方法。""您曾经面对过一个有难度的挑战，后来成功了吗？您是如何做到的？""您认为您是如何赢得客户信任并取得成功业绩的？"通过这类询问方式，可以让被萃取者分享他们的成功经验，展示他们的能力和成就。

被萃取对象对自己的成功业绩印象深刻，有话可说，也更愿意去说。多数被萃取对象认为，成功不仅是个人努力和经验的积累，更需要有一个良好的团队合作，需要科学的战略规划和持续学习创新的精神。他们相信，只要不断挑战自我，提高服务品质，与客户保持良好的互动和合作，就能够取得富有成效的业绩。成功的背后，需要很多人的不断努力。因此，对于成功业绩，他们非常珍视和感慨，也愿意将自己的经验传授给更多的人，让其他人在未来的工作中，秉承这一奋斗精神，不断努力为客户提供更好的服务和保障。

被萃取者对成功业绩的表述，能让内训师获得更多可以萃取的信息。他们强调了成功的要素和必要条件，包括个人努力、团队合作、战略规划、持续学习和创新等方面。同时，他们也突出了付出和努力的重要性，强调了成功背后的付出和奉献。这样的表述让人一目了然，易于理解和领悟，也有助于其他人从中获得启示和借鉴。这正是轻萃取发挥功效的地方。

三、从结论的反向提问

从结论的反向提问是指在访谈中，内训师通过与访谈对象所讲述的结论相反的方式提出问题，以便更深入地了解访谈对象的观点、经验和见解。这种提问方式可以帮助探究被访谈者可能存在的盲点和问题，从而得到更全面的信息，让访谈内容更加深入和有价值。通过从结论的反向提问，访谈者可以更好地了解访谈对象的思维过程以及在取得成功或解决问题时所采取的策略，同时还可以展现出自己的好奇心和求知欲。

一些从结论的反向提问的例子包括，内训师询问被萃取者："这个项目听起来很成功，但您是否有一些项目是无法成功的或需要改进的？""您提到了您的团队表现出色，但您认为有没有个别人员表现不尽如人意？""鉴于您已经成功了这么多次，您有没有遇到过一些挑战或问题，可能导致项目结果不如预期？""基于您对市场和行业的了解，您是否认为您的成功案例可以扩展到其他领域或行业？""您现在获得了成功，但是在开始时您经历了挫折和困难。您觉得您的经验和知识可以帮助其他人避免这些问题吗？"被萃取者在应对从结论的反向提问时，也会保持一定的耐心和专注度，以确保能够更好地理解并探索问题。

从结论的反向提问可以帮助内训师更全面地了解被萃取者的观点，而不仅仅是从他们的成功中吸取教训。这可以帮助内训师了解或洞察一些不甚明显的信息，更深一步地挖掘萃取故事细节，并且让被萃取者有机会分享他们的经验和智慧，以便其他人可以从中学习。此外，这样的提问可以表明内训师对被萃取者的信任和尊重，让被萃取者感受到内训师其实不仅仅关注自己的成功，更在意自己是如何从失败和挑战中起身的。总之，从结论的反向提问的方式，可以更加深入激发有意义的对话和信息，从而萃取出更丰富和有价值的经验知识与工作内容。

四、避免使用引导性问题

考虑到我们萃取的对象都是行业名人、区域带头人、领袖者等人物，因此在萃取的过程中，内训师要格外注意，访谈时应该避免使用引导性的问题。引导性问题会把被访谈人带入理论探讨，或者一般性的叙述中。

避免使用引导性问题的原因是，这种提问方式可能会导致被萃取者回答问题时受到限制，而不能充分地表达自己的想法和经验。引导性问题可能有内训师会暗示访谈者所期望的答案或观点，从而影响被萃取者的回答。这种提问方式可能也会降低访谈的质量，使访谈内容流于表面，无法深入问题的本质。在访谈中，避免使用引导性问题可以使被萃取者更自由地回答问题，并能够帮助访谈者更好地了解访谈对象的真实想法和观点，同时也能够创造出更深入和有价值的访谈内容。

引导性问题通常包含特定的词语或表达方式，例如"是不是""难道不"，以及"您认为"等。具体表现形式为：

—— 您不觉得这件事情应该做成这个样子吗？

—— 难道您不认为这个决定是明智的吗？

—— 您觉得这个方案的成本是不是太高了？

—— 这个产品难道不应该有更多的功能吗？

在这些问题中，内训师已经表达了自己的观点或偏见，可能会让被萃取者不自觉地回答与内训师相同的观点。这样的回答不能充分地反映被萃取者对经历过的事件的真实想法和经验，从而影响了萃取的质量。因此，在进行访谈时，需要注意避免使用这样的引导性问题。

之前团队里有个内训师小王向我抱怨，被萃取者胡经理在第二次访谈后就不愿意跟他交谈了。这件事在我看来是很诧异的，因为胡经理本身也是做销售工作的，在外人的眼中他一直是一个很健谈、很乐于分享的管理人员，应该不会不配合内训师的工作。为了深入地探寻原因，我询问了小王在第二次交谈时是否发生了什么事让对方感到不满意。

小王告诉我，有一件事可能让胡经理感到不舒服了。第二次访谈时，胡经理谈到每月给店员定工作指标时，会依据上个月的指标完成情况进行判断。当有些店员上个月工作指标完成得好，这个月就会给他增加工作指标，把其他表现差的店员指标分给他。

小王表示，自己当时觉得这种工作模式不是很好，就忍不住开口了，说了一些不太合适的话。小王说："您不觉得这种工作模式对表现好的员工很不公平吗？是不是越有能力的人，工作负担越重，干的活越多呢？"

我便进一步问小王："那当时胡经理听了您的话后，脸上的表情是什么样的？对您说的话，他是否作出回应了呢？"

小王思索了一阵，犹犹豫豫地开口说："当时胡经理确实愣了一下，脸上的表情一下子就变了，但我当时没怎么注意。反而还是坚持摆出理由，询问胡经理他的管理模式是不是有问题。经过我的追问，胡经理也承认自己的管理模式需要改进。"

我听了之后，瞬间明白了，小王这是说错了话而不自知，小王作为一个内训师，本应站在客观的角度，询问胡经理的店铺经营之道。但是他却一个劲地通过提问的方式，与胡经理进行"辩论"，引导对方去承认他的工作方法是有缺陷的。如此看来，胡经理后期不愿意再向小王讲述自己的管理经验和工作方法也是情有可原的。

在日常生活中，有些内训师也会经常犯这样的错，当被萃取者与自己的观点不同时，不应该像小王那样引导对方向内训师期盼得到的某类价值观出发。内训师要始终保持客观真实的态度，不对被萃取者所说的话语和经验作出主观上的评判。要知道，我们只是行业专家经验萃取的搬运工，而非行业精英言语行为的评判者。

五、避免使用一般性问题

一般性问题往往缺乏深度，这类问题通常是非常常见和泛泛而谈的问题，例如"您喜欢什么""您的兴趣爱好是什么"等。这些问题很难引导访谈对象提供有意义的信息。因此，在进行访谈时尽管这类一般性问题能够让被萃取者更自由地回答问题，但这种问题也可能导致访谈内容过于散漫，缺乏重点和结构。如果访谈中全部都是一般性问题，很可能会让访谈对象感到迷茫，并且无法提供清晰和有价值的信息，也无法深入了解他们的想法和经验。因此，在进行访谈时，需要尽量避免使用一般性问题，而是提出更具有深度和针对性的问题，以帮助被萃取者更好地自我表达和深度分析。同时，访谈者还需要根据访谈对象的回答，及时提出追问或相关的深入问题，以便获取更具有洞察力和价值的访谈内容。

记得我在做智慧家庭产品销售方面萃取的时候，被萃取者是某家智慧家庭公司的一名销冠。刚开始他在讲述自己的工作经验时，就一直围绕着"对于我们的销售人员来说，我们应该销售什么就相应准备什么话术"这类主题来讲话，跟其他人的销售经验相比，听起来没有什么特别之处。当谈到新客户进店选购时，我就适时提问他："那当不熟悉智慧家庭产品的新客户进入店内时，您是怎么处理的？有什么独特的经验呢？"而不是问他作为一名销售人员，应该会怎么做。我通过描述情景，加上询问该情境下这名销冠的做法，让被萃取者抓住了我想要问的重点，让他回答内容的焦点重新聚集在自己身上，这样他给人传授的经验知识便能确保是真正从自己身上的实践得来的。

与其使用类似"您通常会如何做"的一般性问题，更好的做法是使用更具体和深入的问题形式。例如：

—— 当时情况下您做了什么？

—— 您之前遇到过类似的问题吗？您是如何解决的？

—— 在您的经验中，哪些因素影响了您对某个事物的看法？

—— 您曾经面临过什么具体的挑战，您是如何应对的？

我们会发现，这种避免使用一般性问题的提问方式会让我们的询问更具有针对性和深度，能够不断激发被萃取者作为优秀个体的思考，也可以引导被萃取者提供更具体和更有价值的信息，不断地深挖隐藏在被萃取者身上的故事，更好地了解访谈对象的经验和想法。

因此，我们可以认为，萃取是一个团队共创的过程，需要访谈双方共同的努力，而不是个人萃取和被萃取的过程。

六、探索"理所当然"的问题

故事的发生都有其特定的背景及条件，实践的成功也验证了被萃取者当时的想法和做法是正确的，那么内训师为进一步了解故事的起因与经过，肯定会提出一些"理所当然"的问题。

什么叫"理所当然"的问题？举个例子可以很好地说明。在访谈中，有时候我们会问访谈对象"您认为有必要去做这件事吗"或"您为什么要做这件事"等问题。然而，这些问题可能没有什么深度和挑战性，无法真正探索背后的原因和动机。因此，更好的做法是挖深原因，问访谈对象"做这件事背后的真正动机是什么""您觉得这件事的价值所在是什么"等问题，从而真正了解访谈对象的内心感受和真正的动机。这样可以帮助我们更深入地理解访谈对象的观点和看法，以便作出更准确的分析和结论。

"理所当然"的问题，其基本询问方式可以包括：

—— 是什么原因促使您一定要这么做？

—— 如果不这么做，效果会如何？

—— 这么做一定是完美的吗？有没有可优化之处？

例如前面小王和胡经理的故事，小王可以通过探索一些"理所当然"的问题，去规避使用引导性的问题。如当听到胡经理说对表现好的员工提升工作考核指标时，小王不妨听听胡经理怎么解释，"是什么原因促使您一定使用这种管理模式呢？如果不这么做，效果会如何呢"，类似这样的询问方式，也能适当减少小王和胡经理在萃取过程中出现的矛盾。

七、改变被萃取者的思考立场

在进行萃取时，我们可以让被萃取者站在客户的立场上思考问题，这能够帮助被萃取者更好地理解和了解客户的需求和期望。

哪些是可以改变被萃取者的思考立场的提问方式呢？我们可以这样问访谈者：

—— 如果您是这个产品服务的客户，您会如何看待它？

您觉得客户会对这个产品服务的哪些方面感到满意？哪些方面需要改进？

—— 站在客户立场，您认为这种方式有什么价值？

—— 请您给新员工们一些执行时候的建议。

通过这种假设式的提问，鼓励被萃取者站在客户的角度来看待问题，并提供更贴合客户需求的建议和反馈。这种方法不仅可以提高访谈的严谨性和深度，还可以帮助我们更好地对产品服务进行定位和改进。

如在上述智慧家庭产品销售经验萃取案例中，作为内训师的我，可以进一步询问销冠："如果您是进入店内的新用户，您会对××家智慧家庭产品的哪些方面感兴趣呢？您会希望销售员向您介绍什么呢？"从而启发销冠的进一步思考。

除了在商业市场上转换客户与销售人员的身份以外，在公司管理上，改变被萃取者的思考立场也大有用处。比如，当人力资源部门给新员工做培训时，考虑到新员工对公司事务不甚了解，人力资源部门可以提前给一些建议。内训师可以通过询问人力资源部门人员当年毕业后刚进入公司时的感受和一些心路历程，并邀请人力资源部门人员提供一些给新员工入职公司后的建议和经验。

八、提问方式的辨析

萃取对象：某网站畅销小说作家。

一般性问题：请问您个人是怎么看待写作的？

引导性问题：您如今受到这么多粉丝的追捧，不觉得自己比其他作家要优秀很多吗？

更具体和深入的问题：在您的经验中，您是怎样处理创建一个角色的灵感来源的？您能够从一个非常不同的角度来看待这个角色吗？

询问具体定义：能不能告诉我 HB 这个词的具体定义？

询问成功事例：您在写这部小说的时候，有没有个人觉得写得特别好的地方呢？当时的感受是什么样的呢？

从结论的反向提问：那么反过来说，鉴于您如今已经取得了这么大成功，您有没有在写作时遇到过一些挑战或问题，可能导致自己不能按时交稿呢？

探索"理所当然"的问题：是什么促使您一定要将小说中的主角设定为一位消防英雄的？有没有具体的考量呢？

让被萃取者站在客户的立场上思考：如果您的读者可以进入您的小说世界并和角色互动，他们会对这个世界和角色有哪些期望和需求？您觉得该如何满足他们的需求并创造一个更好的世界？

第四节　萃取工具准备

一、听、说、读、写"四必备"

（一）听：录音笔+录音软件

内训师在做萃取之前，建议准备一台录音笔或其他录音软件，确保记录访谈内容的完整性和准确性。

录音笔和录音软件的作用，一是可以帮助内训师准确记录被萃取者的访谈内容和问答内容，避免漏掉重要信息。二是方便内训师后期做萃取记录整理与编辑，确保内容的准确性和完整性。三是有利于提高萃取结果的质量，录音笔能够帮助内训师准确记录访谈内容，让萃取出来的故事及经验知识更加丰富、生动，贴近受众的需求，从而提高萃取成果的质量和受众的好评度。四是帮助内训师保留萃取记录的备份。录音笔可以作为备份工具，避免出现谈话信息丢失的情况，同时也可以存档备查。

在选择录音笔时，内训师需要考虑录音笔和录音软件的录音质量，最好选择支持立体声录音的产品，可以更加真实地呈现访谈现场。同时要选择一款存储容量足够大的录音笔，以便内训师记录整个访谈过程。一般来说，8GB 存储容量的录音笔已经足够使用。还要注意选择一款电池续航时间长、可以重复充电的录音笔，以确保内训师能够完整记录访谈过程。

在访谈过程中使用录音笔或录音软件时，一定要经过被萃取者的同意，告知对方会使用录音笔记录访谈内容，并且说明录音的目的和使用方式。这是出于对对方隐私的尊重和保护，同时也可以避免可能发生的纠纷。被萃取者有权力知道萃取过程会全程录音。如果被萃取者不同意录音，内训师要尊重对方的选择，采取其他方式进行记录，并保证不影响访谈的质量和记录的准确性。

（二）说：萃取提纲+笔记本或白纸

内训师在做萃取的时候，要准备笔记本或白纸，针对萃取主题持续深挖提纲，以让访谈内容更加深入、丰富，从而更好地满足经验萃取的需求。

在进行访谈前，内训师要在笔记本或白纸上，提前准备好萃取的主题，准备好一系列问题，确保问题的深入和连贯。问题要围绕主题展开，覆盖访谈内容的主要方面，以确保访谈流畅、内容丰富。

以下是一个关于出现在创业和投资的萃取过程中的访谈提纲示例：

访谈主题：创业和投资。

1. 主题和目的

萃取的主题是创业和投资，旨在探索创业的难点和萃取成功的关键经验。

2. 背景介绍

介绍创业和投资的相关信息和趋势，以及创业者需要了解的基本知识和技巧，分享创业成功的经验。

3. 问题准备

问题包括：如何确定项目的商业模式？如何计算投资回报率？何时寻找投资人？如何平衡生意和生活？

4. 时间安排

共计60分钟，分三个部分：访谈开始、主题部分、结尾。

5. 访谈方式

提问和回答、探讨、分享经验等。

（三）读：相关资料 + 存储设备

作为一名优秀的内训师，准备好相关资料是非常重要的，这会让被萃取者感到自己是被重视的，增加配合萃取的意愿。那么，内训师需要在访谈前进行哪些资料准备呢？依我的经验，给大家做一下参考。

首先，如果被萃取者是商界名人，为了使萃取的项目更具真实性，首先，我会提前准备好与项目相关的数据信息和图表文件材料，以支持被萃取者的访谈内容。其次，我会提前查询与萃取事件有关联的其他具体案例和故事，方便挖掘更多的内容和信息，也可以更好地了解和解释当前的问题和趋势。最后，我会提前搜索并查看与主题相关的书籍、专业期刊和其他材料，以深入学习和研究。要知道，准备好相关资料不仅将有助于提高内训师的访谈质量和说服力，而且在访谈前进行充分的准备也将提高内训师的自信心，并向被萃取者显示自己已经提前做好了充分的准备。

准备资料还不够，个人建议大家还要准备一个 U 盘，用来保存资料，以确保成功和流畅的交流。如果内训师需要在访谈中使用幻灯片、表格或其他类型的文档或文件，准备好 U 盘可以确保它们随时随地可用。如果内训师需要在访谈中展示照片或视频以支持论点，那么准备好 U 盘是必要的。同时，准备好 U 盘可以确保内训师在访谈中有特别需要时方便地分享联系信息和个人资料。除此之外，当被萃取者想要在萃取过程中，分享其他内部资料以方便内训师参考时，一个 U 盘所具备的存储作用就显得尤为重要。

（四）写：两支记录用笔

内训师在做萃取的时候，最好携带两支记录访谈内容的中性笔，以便及时记录访谈内容。

这两支笔主要用来记什么呢？一是记录访谈要点。记录访谈要点可以确保内训师不遗漏重要信息，并且可以帮助内训师和被萃取者整理思路。

二是记录萃取中提到的主要问题和回答。记录访谈中的问题和回答可以帮助内训师回顾和分析访谈内容。三是记录其他重要信息,例如联系方式或具体细节,这可以确保内训师在需要时轻松找到。

那为什么建议携带两支笔呢？如果需要签署文件或记录日期,携带两支笔可以方便内训师和被萃取者同时进行操作。如果被萃取者需要借用一支笔来整理谈话思路,内训师还能使用另一支笔记录访谈内容。此外,如果内训师手中的笔出现问题的话,另一支笔还能接着用,不至于陷入无笔可用的境地。

二、语言知识储备

句子基本成分包括主语、谓语、宾语、定语、状语及补语,内训师要清楚了解以上内容。从句子的基本成分出发,抓住被萃取者谈话中的关键字词或短语。

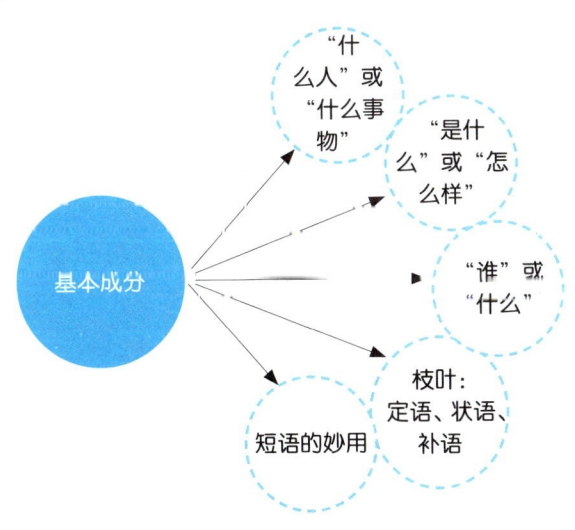

图 4-6　语言知识储备

（一）"什么人"或"什么事物"

抓住被萃取者谈话中的主语。所谓主语，是指句子中执行动作或动作所作用的人或事物，在句子中通常出现在谓语的前面。

主语在句子中扮演了至关重要的角色，主语是句子的核心，并且决定了谓语的形态和单复数形式。通过主语，说话者可以更清晰、更准确地表达意思，并指导听者理解句子的意义。因此，识别和正确理解主语在萃取表达过程中就显得尤为重要。

（二）"是什么"或"怎么样"

抓住被萃取者谈话中的谓语。所谓谓语，是描述主语所执行的动作或状态的部分，它包含一个动词及可能的助动词和形容词。

谓语提供了关于主语的信息，使内训师能够充分理解被萃取者句子中所述的动作或事件。谓语还决定了句子的时态和语态，以指示被萃取者的动作何时发生、是否已经完成和谁执行了动作。正确选择和使用谓语能够使语言更精确、有力和连贯，同时有助于避免歧义并产生误解。因此，在萃取过程中，内训师及被萃取者正确理解和使用谓语是十分重要的。

（三）"谁"或"什么"

抓住被萃取者谈话中的宾语。所谓宾语，是指句子中动作的对象或受益者，通常位于谓语的后面。

宾语是句子中接在动词或介词后面的名词、代词或短语，它表示动作的承受者或受益者。宾语是谓语动作的直接对象，它的作用是补充谓语的信息，使句子更加完整和准确。宾语可以是及物动词的直接宾语或带介词的间接宾语，也可以是复合宾语，即同时包含直接和间接宾语的句子结构。正确理解和使用宾语能够帮助被萃取者更准确地表达自己想要说的内容，避免引起内训师的误解。因此，在萃取过程中，掌握宾语的功能和使用方法也是非常重要的一个方面。

(四)枝叶：定语、状语、补语

1. 抓住被萃取者谈话中的定语

定语是指用于描述或限制名词及代词的单词或短语。定语可以是形容词、名词或代词等，一般位于修饰的名词前面，它可以说明或限定名词或代词的性质、特征和范围。一般来说，定语放在名词或代词前面，形成一个修饰性的成分。如被萃取者说"那件工作中公认为最难的项目是我负责的"，在这个句子中，内训师可以通过定语"最难的"抓住的信息就是这个项目难度系数很高。

2. 抓住被萃取者谈话中的状语

所谓状语，是指用来描述动作、情况或事件的时间、地点、方式、原因等方面的词语或短语。状语可以是形容词、副词、介词短语等。状语的使用方法一般有两种：

（1）介宾短语作状语、地点状语、时间状语，一般位于句首。

（2）用于修饰、限制动词或形容词。

状语能够更加清楚地解释句子中动作或状态发生的具体情况，增强句子的表达力和有效性。如被萃取者说"导师在办公室里安静地坐着，我急切地走过去与他交谈了我的创业想法"，在这个句子中，"在办公室里"和"安静地"都是状语，分别修饰了动词"坐着"的地点和方式，使我们更加清楚地知道被萃取者的导师是什么样的状态，跟后面被萃取者"急切地"形成鲜明的对比，让我们能身临其境地感受到被萃取者当时渴望得到身边人认同的心理状态。

3. 抓住被萃取者谈话中的补语

所谓补语，是用来描述主语或宾语的状态、性质的，包括形容词、名词、形容词性从句等。补语通常用于某些动词后面。补语是补充、完善谓语或系动词的成分，使句子的意思更加准确和完整。补语可以是形容词、副词、名词或介词短语等，它与谓语或系动词之间存在着一种补充关系。如果谓语或系动词需要补充一个表述，那么补语就扮演了这个角色。补语可以是谓语补足语（如不及物动词用的补语）、主语补语（如连系动词用的表语）或宾语补语（如带双宾语的及物动词中的直接宾语）。

（五）短语的妙用

并列短语：无轻重主次之分，词性相同。如调查研究是动词短语，绩效指标是名词短语。

动宾短语：表示支配与被支配、干涉与被干涉的关系。一般是动词＋宾语的形式，其中宾语回答动词"谁""什么""哪里"的问题。常见的动宾短语如交流心得、克服困难等。

动宾补语：一般是动词＋补语，补语不能回答动词"谁""什么"的问题，一般是回答"哪里"的相关问题。常见的动宾短语，如看清楚、跑得快等。

复指短语：又称"代词回指"，是指在一段话中，后面的代词指代前面出现的名词或代词。复指短语的作用在于避免反复使用同一个名词或代词，增强语言的流畅性和可读性。复指短语通常两个词语的地位一样，所指内容相同，意义上是复指关系，结构上是同位关系，句中做同一成分。如鹏城深圳、春秋两季。

主谓短语：主语回答谓语"谁""什么"，谓语回答主语"怎么样"，一般是名词＋动词、名词＋形容词的形式。常用的主谓短语如领导致辞、能力提升、身心愉悦、表现卓越等。

形补短语：一般是形容词＋补语的形式，结构助词"得"是补语的标志。常见例子如精简极了、专业得很。

掌握各类短语用法的好处在于可以提高语言表达的准确性和效率。短语作为语法上的一种重要成分，与词汇和句子结构相辅相成，共同构建了完整的语言系统。通过掌握各类短语的用法，可以更加准确地表达自己了解被萃取者的想法和意图，避免语言表达出现歧义。此外，内训师熟练掌握各类短语的使用方法也有助于提高语言的流畅性和自然度，让他人更易于理解和接受所表达的语言信息。因此，对于轻萃取学习者而言，掌握各类短语用法是提高语言表达水平的重要一环。

第五节 案例实操

案例主题：如何唱好一首歌。

一、开场破冰

问：您为什么想要报名唱歌比赛？有没有信心拿到名次？
答：个人兴趣，自身唱歌资质，评估对手情况，过往参赛经历经验。
问：比赛需要做什么准备及必胜攻略？
答：一是选好歌；二是练好歌；三是选好型；四是控好场。

二、如何在唱歌比赛中取得好名次——四好法

（一）选好歌

最适合：风格、嗓音条件、唱腔。
能传唱：有一定的观众基础。
能驾驭：适合比赛并能驾驭掌控。

表 4-1　选好歌

_	_	步骤 1：选好歌
目标 1	如何进行选歌？	1.适合自己的演唱风格、嗓音条件及唱腔；2.歌曲旋律优美或有一定观众基础；3.适合比赛，有一定难度，但自身音域条件可以驾驭，并有把握现场发挥好的。
要点 1	选歌的考虑因素有哪些？	1.观众群体及年龄层次；2.70%以个人审美及演唱风格选取，30%考虑观众口味。
工具 1	歌曲的来源从哪里挖掘？	1.一般从常听或循环的音乐歌单里面选；2.锁定与自己嗓音条件相似并可以驾驭的歌曲；3.音乐软件智能推送。
情景 1	如果曲库里没有熟知的歌曲适合参赛，如何寻找其他歌曲来源？	1.扩展调研；2.别人介绍；3.参考其他唱歌节目的合适曲目。

（二）练好歌

多听：熟悉歌词、旋律、节奏。

多练唱：高频次跟唱。

多纠正：高频次伴奏练习及纠正音准。

表 4-2 练好歌

	步骤 2：练好歌	
目标 2	如何练习？	1. 熟悉歌词，每天默背歌词，按歌词结构记忆场景及方法；2. 熟悉旋律、节奏，每天工作以外时间反复听 10~20 遍，赛前至少累计听 500 遍以上；3. 至少跟原唱 30 遍以上，纠正音准问题；4. 伴奏练习至少 50 遍以上，建议使用 K 歌软件，保存每一个练习版本，试听找出问题并在改善后继续练习。
要点 2	练习期间需要注意什么？	1. 做好开嗓；2. 保护喉咙，如果练习疲劳，立刻停止练习；3. 保证充足睡眠，不熬夜，不吃辣椒，多喝水，少说话；4. 吃喉糖等避免喉咙发炎。
工具 2	选择什么练习工具？	1. 全民 K 歌软件；2. 音乐软件下载全伴奏；3. 在练歌房练习，找旁人听，提意见；4. 清唱。
情景 2-1	在不同的练习环境（如练歌房），如何识别自己真实的演唱情况及原声度？	这种情况存在，因为练歌房有混响及环绕效果，有包装声音效果，所以在家里用练歌软件时可以戴一个耳返，同时收听自己跟耳返里的声音纠正音准及节奏问题；保存录音的时候，要调整伴奏与人声的音量，及调整音速延迟不对称等问题。
情景 2-2	如果观众的群体层次不一样，会考虑换歌吗？	1. 不会，临时换歌有风险，我们不是专业歌手，随时备赛的库存有限；2. 音乐无国界。
情景 2-3	如果现场观众不喜欢怎么办？	1. 正常发挥，演绎完毕；2. 观众的喜好跟审美不一样，遵从本心表演就好。

（三）造好型

一是舞台适配。

二是歌曲适配。

三是身材适配。

表 4-3 造好型

步骤 3：造好型		
目标 3	如何设计及搭配服装造型？	1.根据歌曲风格以及舞台效果；2.依据个人审美。
要点 3	搭配时要注意什么？	结合身材搭配效果很重要（搭配高跟鞋），要有舞台感，40%是舞台效果，30%是个人风格，30%是歌曲风格。
工具 3	服装的来源是哪里？	实体店或网购：实体店直接试穿看效果更方便，一般网购会同批采购三件以上，并行筛选，不合适的退掉。
情景 3	如果前一天把表演服装弄脏了，怎么处理？	1.一般这种意外不会发生；2.如果发生了，快速清洗，快速吹干（吹风机）。

（四）控好场

一是情绪掌控。

二是台风掌控。

三是节奏掌控。

表4-4 控好场

步骤4：控好场		
目标4	正式比赛开始前要做哪些准备？	1.提前换服装；2.提前候场；3.提前上洗手间；4.开嗓及反复熟悉歌词；5.提前调整好比赛情绪（心理素质）。
要点4	如何调整情绪？	1.深呼吸；2.放空自己，保持平常心；3.享受表演过程（体验），名次是次要的。
工具4	现场表演有哪些技巧？	1.适应舞台氛围，适应灯光；2.没有耳返，现场声音会有回音及延迟，容易影响节奏（赛前练习充分，熟练度可以克服这个问题）；3.歌曲结构层次的处理，主歌和副歌的情绪要循序渐进；4.要专注投入，不要分神，比赛曲目过于熟悉有时情绪与演唱容易分离；5.注意表情；6.观众互动；7.舞台走位。
情景4	如果舞台上临时出现意外情况怎么办？节奏进错了怎么办？	如果早进，唱完上一句，间隔一拍就放下麦克风，走两步，继续唱；如果进慢了，后面的节奏就加快。

第五章

轻萃取的故事挖掘

倾听、回应、追问是内训师深挖"故事"核心的重要工作技能之一。倾听遵循三逻辑：空间结构、步骤结构和重要性结构，建立逻辑思维和倾听能力是进行有效沟通和交流的重要前提。回应遵循四层次，分别为：认可、重复、总结和启发，积极回应是提高双方沟通效果和质量的重要武器。追问遵循一大原则，即追问总原则——MECE原则，发现新线索，深挖新问题，触及萃取主题本质。

第一节 侧耳倾听，展示专业

倾听是内训师重要的工作技能之一。在进行培训时，如果内训师能耐心地听取学员的问题和疑虑，理解学员们的需求和困难，并用简单易懂的方式解决问题，便能更直接有效地提高学员的参与度和学习效果。同时，如果内训师能倾听学员们对自己的萃取成果和活动经历等作出一定程度的反馈和评价，虚心接受学员们给出来的批评与建议，改进自己的培训方式和内容，那么内训师也能不断提高自己的教学水平，同时提高自己的受欢迎度。除了倾听学员的批评与建议外，在萃取过程中，内训师还需要倾听公司管理层或行业精英们的经验及发展目标，了解项目信息和发展方向，从而针对公司和员工的实践萃取出更多的优秀成果。

侧耳倾听，展示专业
- 萃取中倾听的重要性
- 为什么倾听要讲究逻辑
- 倾听三逻辑

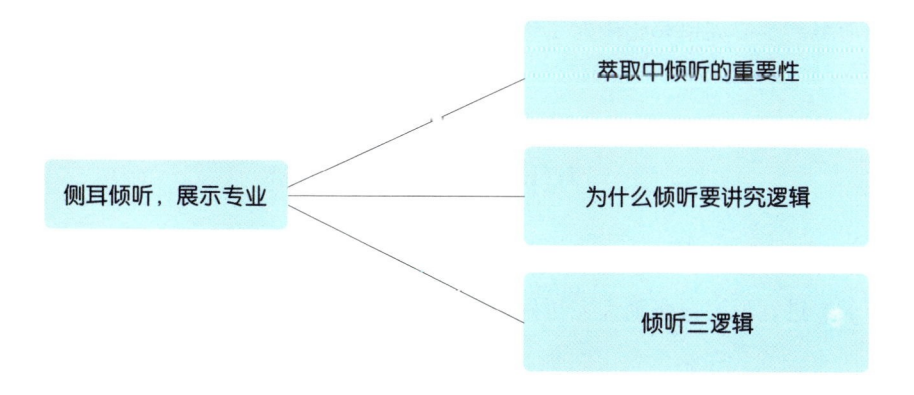

图 5-1 萃取过程中倾听的逻辑

一、萃取中倾听的重要性

作为内训师的专业基本功之一,倾听是一项很重要的交流技能。首先,倾听是一门技术。它是内训师与被萃取者建立"功能性联系"的媒介和钥匙,双方需要听取对方谈话里的信息才能建立完整的沟通过程。其次,倾听是一种能力。内训师在倾听被萃取者的话语时,要想使整个活动顺畅地进行下去,需要有技巧的"听"。倾听过程实际上是内训师专业知识和职业态度的表现,通过倾听要让对方感受到您的职业水准。最后,倾听是一项艺术。倾听展现的是内训师对被萃取者的尊重,是平衡、稳定、接纳的心理状态外化的表现,好的倾听会积极向对方传达出内训师和善的精神世界,引发被萃取者的分享意愿。倾听可以让内训师更有魅力和影响力,从而更好地影响周围的人或事物。

清代文学家蒲松龄,在路边搭建茅草凉亭,记录过往行人所讲的故事,经过几十年如一日的认真倾听,搜集资料,加上废寝忘食的创作,终于完成了中国古代文学史上划时代的辉煌巨著《聊斋志异》。对于内训师而言,倾听有异曲同工之妙,只有倾听,才能捕捉到被萃取者讲述的关键信息,从而得到萃取成果和正确的工作经验。

二、为什么倾听要讲究逻辑

为什么要在这里专门点明倾听的逻辑问题,拿课堂案例实录《杨敏的一天》进行说明,帮助大家更好地理解这一点的重要性。

有一次我在给学生上培训课,我问坐在第一排的杨敏同学:"您周日干什么了?"杨敏很积极地向我分享了她周日一天的活动。

她说:"周日那天我累死了!先是送我家小宝去医院做身体检查,医院太大了,我一个人抱着孩子转来转去,先是上三楼做器官检查,然后做心脏检查,怕时间不够赶紧抱着小宝去了一楼抽血,后来回到二楼量了身高、体重。跑上跑下,累死我了,到了十一点半后去骨科做检查,结果那边科室做体检的医生下班了。无奈之下等到下午又把骨科项目补齐。回去的路上赶上大堵车,折腾了好一会儿才回到家,孩子在车上又吵又闹,婆婆根本就哄不住。我决定下午一定要早点去一趟家乐福超市。在超市买了水果、蔬菜等,超市人超级多,到处人挤人,走到哪儿都要抱着小宝,回来的时候手都快脱臼了,忙活得够呛。到了晚上,老公终于从北京出差回来了。天啊,我可以稍微缓解一下压力了,让他看着孩子。我也没闲着,趁机把家里的衣服扔洗衣机里去,还和婆婆张罗着做了一顿海鲜大餐。临睡的时候,还给小宝收拾她明天上幼儿园要用的水杯和早餐。最后才匆匆忙忙洗了个澡躺下,头发都没吹干就躺床上睡着了。可见周日一整天下来我有多累。"

听完她的讲述,我问其他同学:"您们有谁可以说一下,刚刚有听到杨敏说了什么吗?"

大家纷纷答道:"杨敏说她很累,一天都忙个不停。"

我又问道:"那我刚开始提问的问题是什么呢?"

其他同学这才恍然大悟,我刚刚问的第一个问题是杨敏周日在干什么,杨敏的回答也都是围绕着"我周日干了什么"这个核心问题来的,而非"我周日很累""我周日一整天都在忙"。这就表明其他同学在倾听杨敏回答问题时的关注点就有一些跑偏了。

那为什么会产生这样的误解呢?上述这个案例告诉了我们什么呢?其实我们在萃取当中,除了提问要注意使用逻辑清晰的问题外,还有一个很重要的地方在于,我们在倾听别人讲话的过程当中,要注意听到对方讲话的结构。要不断问自己,您找到对方讲话的核心了吗?您听到您原本问题答案当中的核心了吗？您会不会被对方的情绪牵引着，听了很多不是重点的信息呢？就像我刚才举的这个案例，大家很轻易地能听到一件事实，那就是杨敏很累，但事实上我问的是杨敏在星期天做了什么。

那正确的倾听是什么样的呢？一是，我们要记得溯源问题，即我们始终要围绕的是"杨敏周日干了什么"。二是，顺着她讲话的逻辑，一条条梳理我们获取到的信息的逻辑。

第一，杨敏周日上午干了什么？根据杨敏的讲述，她上午带小宝去医院做体检，先是带领小宝上医院的三楼做器官检查、心脏检查，然后带小宝去医院的一楼进行抽血化验，后又回到二楼做身高、体重检查，到了十一点半的时候，由于科室医生下班骨科检查没做成。

第二，杨敏周日下午干了什么？按照杨敏的讲述，她周日下午带孩子去医院做了骨科检查，还去了趟家乐福超市。

第三，杨敏周日夜晚干了什么？按照杨敏的讲述，她在晚上为家人准备了一顿海鲜大餐，把脏衣服扔进了洗衣机，临睡前帮小宝准备了水杯和早餐，最后洗完澡上床睡觉了。

这才是杨敏按照时间顺序准确地讲述下来的一天。她虽然一直在抱怨自己很累，但在每个阶段干了什么事，她都很认真地说出来了。一个合格的内训师在此过程中，需要时刻关注杨敏回答问题的主题和目的，明确自己需要掌握哪些信息。并通过全神贯注、专注倾听，抓住杨敏说话时提到的关键信息，排除干扰项，理解对方所言并记录重要信息。保证自己能够一方面在获取杨敏话语中的信息时，另一方面还能建立各类信息之间的联系，从而进行时间顺序推理，理解对话的意图和思维过程。

由此可看出，倾听是有逻辑结构的。在倾听过程中，我们需要注意对话的整体结构和基本脉络，倾听对方的观点和论据，抓住关键词和复指短语，建立信息之间的联系和逻辑推理，从而更全面地理解对方所言。只有这样，才能进行有效的沟通和交流，做出恰当的回应和反应，达到有效沟通的目的。因此，建立逻辑思维和倾听能力是进行有效沟通和交流的重要前提。

三、倾听三逻辑

（一）倾听的空间结构

空间结构是指按照结构顺序，将整体分割为部分，或将部分组成整体的一种逻辑结构，它根据萃取项目的位置、形态、颜色、大小等方面来展示事物的发展和变化。倾听的空间结构可以分为以下几个步骤：

一是确定被萃取者要展示的萃取项目。首先确定被萃取者要展示的萃取项目，以及与它相关的其他萃取项目和环境。

二是当被萃取者描述萃取项目的历史进程和形态及具体细节时，内训师应能够依据被萃取者口中所描述萃取项目的位置、形态、颜色、大小等方面，更好地理解整个事件的特点和关系，把握各个事件中的结构逻辑关系。

三是描述萃取项目的变化和发展。在展示萃取项目时，内训师要能够把大的事件分解成各类小事件，并依据部分的变化和发展，梳理整个项目的逻辑关系，以便更好地表达事件的发展轨迹。

四是进行比较和对比。在被萃取者展示萃取项目时，内训师可以进行比较和对比，以便突出整体与部分项目的异同和特点，更好地获取事件的复杂性和多样性信息。

五是总结结论。在被萃取者展示完所有的萃取项目和环境后，内训师要能够进行总结得出结论，以便更好地描述结果和影响。

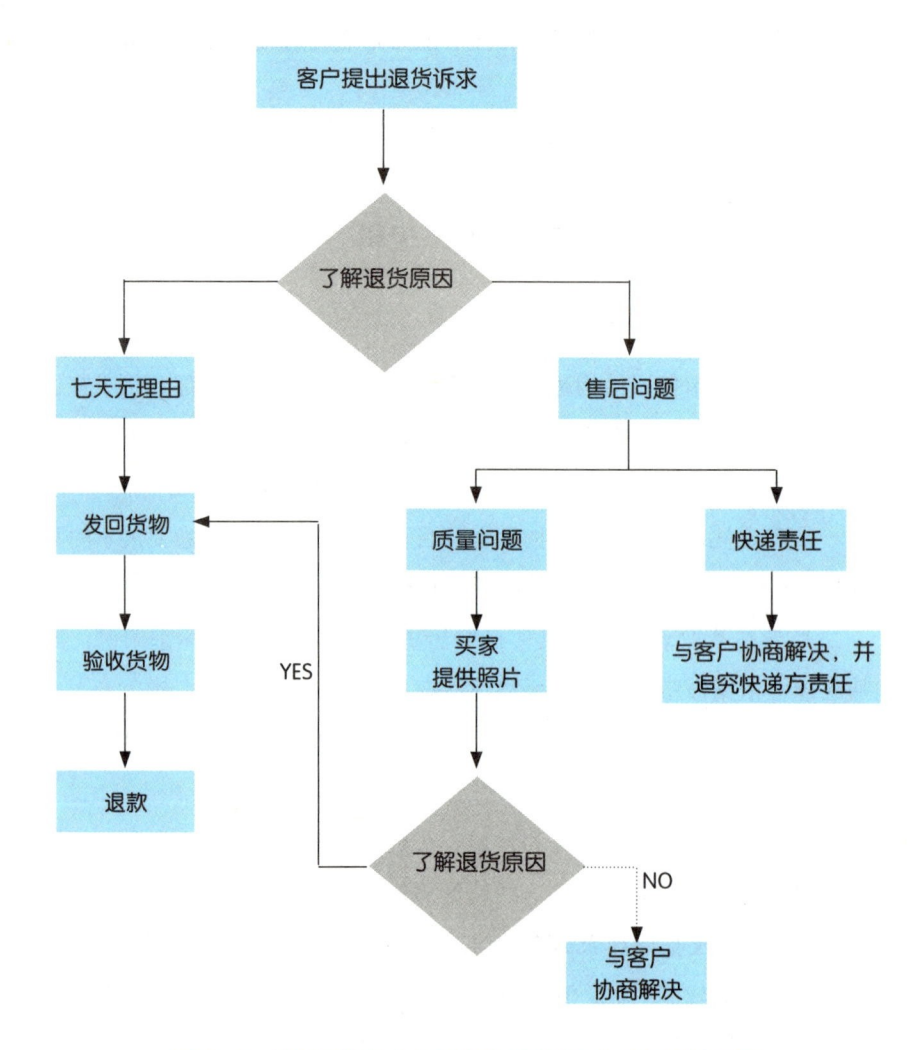

图 5-2 《关于处理客户退货的经验萃取》空间结构示例

（二）倾听的步骤结构

步骤结构是一种逻辑结构，它按照时间顺序或逻辑顺序确定前因后果关系，依次展示事物的发展和变化。

步骤结构同时也是一种常见的倾听结构，它按照被萃取者讲述故事的时间先后顺序，将整个萃取的故事或事件经过在内训师的脑海里进行一一呈现。被萃取者在讲述故事时，往往会将萃取的项目按照开头、中间和结尾三个部分依次展开。

在开头部分，被萃取者会给内训师介绍事件发生的时间和地点，让内训师在倾听时能对故事的背景有一个大致了解。在中间部分，被萃取者会按照时间的顺序进行叙述，逐步揭示事件的发展过程。最后在结尾部分，被萃取者会得出事件的结果和影响，并给出一些感性的思考和结论，内训师也能依据被萃取者的反思和总结对萃取到的经验信息进行相应的调整。

步骤结构可以让内训师根据被萃取者讲述事件的经过，更清晰地了解事物的发展，从而更好地理解事件的意义和价值。同时，步骤结构也可以帮助内训师和被萃取者更好地组织文章，使萃取出来的成果更加清晰、连贯。一般来讲，步骤结构可以分为以下几部分：

第一，确定步骤或阶段。首先内训师在倾听被萃取者讲述时，要确定事物发展过程中的各个步骤或阶段，并按照时间或逻辑顺序排列它们。

第二，逐步记录。在被萃取者展示故事时，内训师要逐步记录每个步骤或阶段，确保它们按照时间等逻辑顺序呈现，并且要使每个步骤或阶段的记录都清晰明了。

第三，突出关键点。在被萃取者展示每个步骤或阶段时，内训师要把重点放在被萃取者口中讲的那些最重要、最关键的部分上，以便更好地表达事物的变化和发展。

第四，清晰明了。当被萃取者在讲述时，内训师要注意被萃取者的表达逻辑应清晰，当被萃取者重复讲述某个话题或习惯性从这个话题跳跃到另一个话题时，内训师要将其及时拉回来，更好地掌控被萃取者所描述事件的正确逻辑过程。

（三）倾听的重要性结构

倾听的重要性结构，是指将类似事物按重要性归为一组。内训师在听取被萃取者讲述故事时，经常会听到各种各样的信息和消息，但这些内容不是同等重要的。因此，内训师应该学会根据事件的重要性去倾听信息，以便更好地处理它们。对于那些重要的信息，内训师应给予更多的关注和注意力，以便及时萃取到可复制、可推广的经验。而对于那些不太重要或与主题无关的信息，内训师可以选择性地忽略或将它们放在低优先级的位置，而将重心放在关键信息上。这样可以帮助内训师更好地管理萃取的时间和精力，更有效地处理面临的各种挑战和机会。

倾听遵循重要性结构的好处在于可以让内训师更清晰地理解事物的重要性和影响，同时也可以帮助被萃取者更好地组织语言和展示思路，使自己的表述更加连贯和清晰。同时，重要性结构也可以让内训师更好地理解萃取事物的层次结构，对萃取事物和被萃取者的工作经验有更深入的认识。

第二节 积极回应，建立共鸣

回应在萃取过程中意义重大，它可以增加双方的互动和理解，提高沟通的质量和效果。因此，在谈话中，内训师应该注重回应的方式和效果，更好地达到沟通的目的。

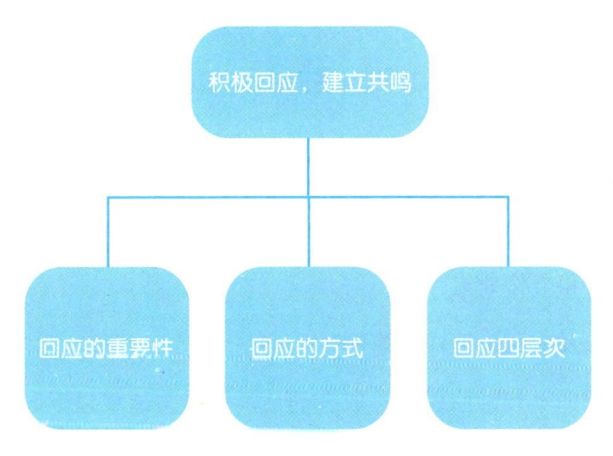

图 5-3 萃取过程中回应的逻辑

一、回应的重要性

在与被萃取者的访谈过程中，内训师的回应是萃取信息非常重要的一部分，它不仅能够体现内训师对于被萃取者的尊重和关注，还可以提高双方沟通的效果和质量。

（一）积极回应的目的

1. 显示尊重和关注

回应可以让他们感受到内训师对所谈论话题的重视和关注，从而增加被萃取者对内训师的信任和好感，有利于帮助内训师获得更多经验成果。

2. 帮助理解和澄清

回应可以帮助内训师更好地理解被萃取者的意思，并澄清可能对于萃取事件中存在的误解和猜测，从而避免产生不必要的言语冲突和矛盾，破坏萃取成效。

3. 提高沟通效果和质量

回应可以促进双方的互动和理解，从而增强沟通的效果和质量，使得双方更加明确彼此的需求和期望，进而助力双方朝着萃取更优的经验成果努力前进。

4. 促进对话和探索

回应可以引出更深入的话题和讨论，从而增加双方的认识和理解，达到更好的交流和合作效果。

（二）未及时回应造成的影响

如果内训师不及时回应被萃取者的话，可能会造成以下影响和后果：

1. 降低被萃取者的参与和信任

如果内训师无视被萃取者的话或者没有及时回应，被萃取者可能会感到被忽视或者不被重视，从而减少对内训师的信任和参与度，这样对整个萃取活动并无益处。

2. 产生误解和猜测

如果内训师没有及时回应被萃取者的话或者没有认真回应，导致回应不清楚的问题出现，可能会与被萃取者之间产生误解和猜测，从而增加沟通的不确定性和难度。

3. 产生冲突和矛盾

如果内训师忽视被萃取者的话或者回应不当，可能会产生冲突和矛盾，导致整个萃取过程的失败。

4. 影响沟通的效果和质量

如果内训师不能及时回应或者回应不当，可能会影响整个萃取过程中沟通的效果和质量，从而使萃取的最终目的无法达到或者萃取效果不好。这样会加大内训师萃取的难度，破坏内训师的专业信誉。

综上所述，萃取过程中内训师及时回应被萃取者的话是至关重要的。信任和尊重是建立关系的重要因素，而对被萃取者做到事事有回应，招招有答复，能帮助内训师更快且更有效地获得对方最深入的信任和尊重。

二、回应的方式

（一）肯定

在回应对方的话时，肯定对方的观点和意见是非常重要的。肯定对方的话，可以让对方感受到我们对他所描述事物的认同和支持，增加被萃取者参与谈话的积极性。同时，通过肯定对方的观点和意见，可以建立更好的关系，增加双方的互动和理解，从而加强合作和交流。特别是当内训师想要引出更深入的话题和讨论时，肯定作为一种回应技巧就显得必不可少。

一般来说，当内训师在回应对方的话时，可以采用一些表述方式，如"您说得很好""您的想法很有创意"等来表达肯定的态度。

（二）澄清

澄清是一种避免误解和冲突的回应方式，它可以帮助内训师更好地理解对方的意思，避免产生偏见和错误。在萃取的谈话过程中，如果双方没有充分理解对方的意思,就容易出现误解和猜测,影响萃取成果,甚至可能导致整个萃取过程的失败。通过澄清则可以避免这些问题,帮助双方更好地理解彼此的观点和意见。从而提高沟通的效果和质量,增强双方的信任和合作关系,促进双方的探索和发现。澄清还可以显露出开放和透明的沟通态度,让双方对彼此更有信心。因此,在沟通中进行澄清是非常重要的。

一般来说,可以采用如下表述方式,如"您是不是想说……""我理解您的意思是……"等来表达澄清的信息。

(三)反问

在回应对方的话时,使用反问也是一种非常有效的沟通方式。在回应对方时,通过反问,可以凸显出被萃取者话语中的重要信息,让双方更加明确和关注。同时也可以引起内训师和被萃取者的思考和探索,促进双方更深入的交流和理解。除此之外,反问也是一种表达澄清的方式之一。通过反问,可以让双方更加明确对方的意思和需求。

一般来说,可以采用一些表述方式,如"您是想说……吗""您觉得……怎么样"等来进行反问。但是要注意,在使用反问时要根据具体情况和对方的反应进行调整和变化,以达到更好的沟通效果。

(四)提问

提问是指通过问问题的方式来对对方的话作出回应,通过提问,可以探索问题的更深层次和更广阔的方面,扩大对话的范围和深度。同时也可以增加沟通的互动性,让双方更加积极地参与交流,从而达到更好的沟通效果。

提问在萃取过程中很常见,一般来说,内训师可以采用如下表述方式,如"您认为……有什么好处""您觉得……有什么改进之处""当时的您为什么会选择做呢"等来进行提问,以便更好地理解被萃取者当时的立场和感受。

三、回应四层次

在萃取过程中，如何正确地回应被萃取者的对话，是内训师首要思索的问题。除了上述肯定、澄清、提问、反问四类澄清技巧之外，我在自身实践的基础上，摸索出了一套"回应四层次"的访谈工具。学会运用这套工具，能够帮助我们在萃取过程中更快、更准地切入主题，捕捉关键信息。

（一）第一层次：认可

认可作为回应的第一层次，是内训师最常用也最容易掌握的回应技能。在回应他人时，通过认可能够表达自己对对方观点和想法的认同和支持。在沟通中认可能起到非常重要的作用，它不仅可以让对方感受到自己的支持和理解，也能够增强彼此之间的互信和关系。通过给予认可，可以让对方更加愿意与自己交流和合作，也能够提高自己的影响力，帮助自己更好地实现沟通目标。

一般来说，可以用如下表述方式，如"好的""了解了""明白了""您的观点非常有道理""我同意您的看法"等来表达自己对被萃取者所谈论事物或观点的认可和支持。但是要注意，认可的话语要真诚，不能随意或虚伪，否则很容易破坏信任关系。

（二）第二层次：重复

重复可以指在回应中重复对方的话语，以表达自己的理解和尊重。也可以指多次使用同样的语言或做同样的事情。在沟通中，重复可以增强沟通效果和表达关注与尊重。当然，在其他情境下，重复也可以有不同的用途和作用。重复对方的话可以帮助自己更好地理解对方的意思，同时也可以让对方感受到您的关注和重视，让对方更加愿意和您交流分享，增加彼此之间的互信与合作，从而达到更好的沟通效果。

一般来说，可以用如下表述方式，如"您的观点非常有道理""我同意您的看法""您看我换个意思来说是不是对的"等来表达自己的认可和支持。但是要注意，在重复时要注意语气和表情，不能让对方感受到自己的不耐烦和厌烦。同时也要注意，不要对一件事反复用一句话去谈及，这可能会使被萃取者不耐烦，给对方留下没有好好听自己讲话的印象。

（三）第三层次：总结

在访谈中，内训师往往需要在对方说完一段内容后，对对方的话进行简单的概括，继而帮助自己理清思路。回应中的总结，具体是指在沟通中，内训师适当地总结被萃取者的意思和立场，以表达自己的理解和关注，同时帮助自己更好地理解和记忆对方的意思。总结对方的话可以帮助双方达成共识，增强沟通效果，避免误解或扭曲对方的意思。

除此之外，总结还有鼓励对方继续讲话的意思，是对对方谈论内容的一种肯定。回应中的鼓励可以帮助对方更加自信，激发他们的表达欲，进而促进访谈顺利进行。内训师在对被萃取者的话进行总结时，要站在客观真实的立场，避免夸大或虚假的言辞，同时表达自己想法的时候，要尊重对方的感受和立场，不要强迫或指责对方。

一般来说，可以用如下表述方式，如"我简单概括一下刚刚的谈话内容""您刚刚说……"等来表达总结的意思。

（四）第四层次：启发

回应的最后一个层次是启发，启发是指在回应中说出有建设性的话语，激发对方的思考和创造力，帮助对方找到解决问题的方法或思路。回应中的启发可以帮助对方从不同的角度去思考问题，开阔视野，提升思维水平和创新能力。在启发对方时，内训师要以积极的方式表达自己的观点和想法，尊重对方的意见和立场，避免强迫对方接受自己的观点。同时要注意启发的话语应该是具有实践意义的，而不是简单的空洞理论。

要想引发被萃取者获得启发不是一件容易的事，内训师可以从以下三个方面进行尝试。

1. 分享自己有价值的经验和经历

内训师通过分享自己曾经遇到过的问题并给出解决方法，或者分享自己取得的成功经验和教训，以回应对方的观点和感受。同时也可以向被萃取者展示自己的专业性和经验，让对方更加信任和倾听自己的观点和建议。在分享自己的经验和经历时，要适当地关注对方的需求和问题，避免占用对方的时间和注意力。同时，要以真诚和谦逊的态度来分享，避免自吹自擂或炫耀。

2. 分享自己在访谈中的收获

内训师可以向被萃取者分享自己从访谈中获得的有价值的信息和观点，展示自己的观察力和学习能力，勇敢地向对方分享自己的收获和成长。分享在访谈中的收获可以帮助被萃取者更好地了解被访谈的话题和主题，同时也可以让他更好地理解和认识内训师，增强彼此之间的信任感和认同度。在分享时，要关注被萃取者的需求和兴趣，并结合自己的观点和感受进行分享，避免主观和片面。同时，在表达自己的观点和想法时，要坦诚客观，尊重对方的意见。

3. 挖掘更深层次的发展

挖掘更深层次的发展是指在回应中，内训师通过分享自己对特定主题或问题的更深入的了解，探索被萃取者背后的原因和动机。挖掘更深层次的发展可以帮助被萃取者更好地理解自己和当时的环境，认识和发掘自己的潜力和局限性，从而提升自身能力和水平。在分享时，结合自己的观察和研究结果进行分享，尽可能提供详细、全面的信息，避免遗漏重要内容。同时，要谨慎选择言辞和表达方式，避免谈话过于抽象和深奥，要保持易懂和生动的风格。

第三节 深入追问，挖掘核心

追问指在对他人提出问题后，继续询问对方更深入的观点和细节信息，以便更好地了解和探索问题的本质和原因。在萃取过程中，内训师的追问可以激发被萃取者的思考，推动沟通的进一步深入。

但值得内训师注意的是，追问，既要问得对方开动脑筋，又要让对方越谈越有兴趣，要让对方感到追问得合情合理。因此，内训师的态度、语气都要与谈话的气氛协调一致，不要把追问搞成逼问，更不要变成"审问"。

```
                深入追问，挖掘核心
                      │
        ┌─────────────┼─────────────┐
    追问的重要性   什么情况下需要追问   追问的 MECE 原则
```

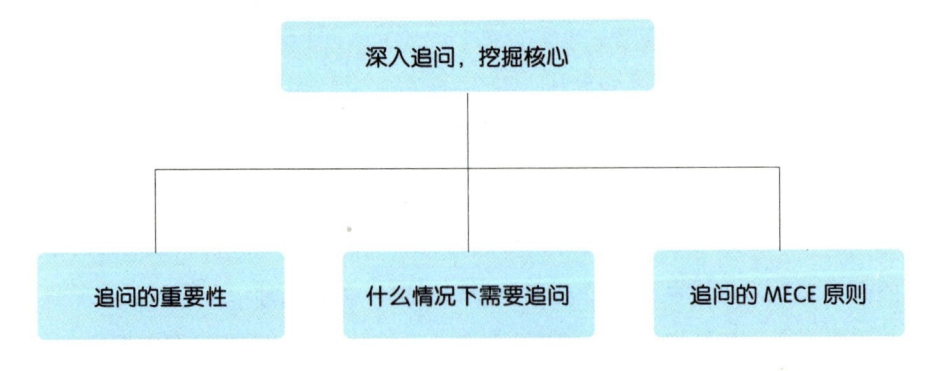

图 5-4　萃取过程中追问的逻辑

一、追问的重要性

访谈中，追问是指在对访谈对象的回答中，进一步提出更深入的问题，以挖掘更多的信息和观点。访谈中的追问可以帮助内训师更好地了解被萃取者的心态和想法，了解某个时代背景下被萃取者做某项决策的具体细节，从而进行更深入的探讨和交流。但需要注意的是，要针对对方的回答和观点，掌握追问的时机和方式，保持客观和尊重对方立场的态度，避免引起不必要的争议和冲突。同时，要注意从对方的回答中寻找新问题，尽可能提出更详细和全面的追问，让访谈对象感觉您是在认真思索后再次提出了问题。

当内训师希望谈得更深入一些时，就会采取追问的方法，打破砂锅问到底。但追问也是有技巧的，一是追问的问题必定是被萃取者前面所谈到的话题，那便要求内训师能够按照事物的内在联系，把被萃取者所谈到事情的基本情况搞清楚，不要出现前面已经谈到过这个问题，并说得很清楚了，内训师还在追问，这种属于无效追问。二是对于被追问的事情，内训师要能够把握住事务的重点，抓住关键点，问出有深度的问题。最后，内训师需要对触及萃取主题本质的各类关键性材料，对萃取到的典型事例及关键性细节，对被萃取者谈话中没说清楚的疑点，以及从对方谈话中发现的有价值的新情况、新线索等，展开详细追问。

内训师提出的追踪问题，一定是带有被萃取者之前提到过的信息或者细节，在总结或者衔接被萃取者已经谈到的内容的基础上提出追问。从追问的规范性角度考虑，追问中尽量不要使用"为什么"开头的提问，可以将"为什么"转化为"是什么影响／导致／推动／造成……"的问法。此外，当追问到一些敏感话题时，内训师可以采用不直接提问，而是等待机会，让被萃取者自动讲出敏感话题。

二、什么情况下需要追问

既然追问那么重要,那么什么情况下需要对被萃取者进行追问呢?

第一,当访谈对象在萃取过程中,对内训师提出的某个问题回答不够详细或不够清晰时,或者回答得过于简单、模糊时,或者对访谈对象说的某个概念不清楚时,内训师需要对其进行追问以补充信息。

第二,当访谈对象的回答有反常、矛盾或误解时,内训师感觉到有明显的信息遗漏,为进一步了解事情的真相和细节,或者对自己理解的信息进行验证时,内训师需要对其追问以厘清问题脉络和确认有关主题。

第三,当访谈对象的回答与主题不符合时,内训师需要进一步确认是不是访谈对象的话题跟所谈论的主题无关,此时内训师需要追问,以引导被萃取者回归主题和调整回答状态。

第四,当访谈对象提出的问题或观点值得深入探讨,或者访谈对象出现未预料的新观点时,内训师需要对其追问以深化讨论,以便得出最优质的萃取经验成果。

第五,当访谈对象在讲一个故事,且这个故事听上去与所萃取的主题有一定距离,此时需要内训师找到故事与访谈主题的关联,进一步进行追问,追问的重点应放在故事中出现或强调的关键词,访谈对象讲这个故事背后的信息是什么,对萃取主题所起的作用是什么。

第六,当访谈对象对自己讲述的故事进行总结或概括时,内训师可以对例外情况进行追问,比如:"据您所知,有没有例外情况呢?"这样的追问是为了帮助内训师萃取出更多的信息。

第七,当访谈对象回答中有暗示信息时,特别是当访谈对象采用否定句时,内训师可以追问肯定的一面是什么。

第八,当访谈对象情绪、态度或动作发生变化时,内训师应及时观察到，并且需要追问以表理解和关注。

三、追问的 MECE 原则

（一）MECE 原则概述

内训师要如何进行追问？如何更好地提高追问的效果？这都是值得深入探讨的问题。

当内训师需要对被萃取者谈论的某一话题进行追问时，一定程度上需要遵循 MECE 原则。所谓 MECE 原则强调的是内训师追问的相互独立性和完全穷尽性。

1. 追问的独立性

M，是英文单词 Mutually 的缩写；E，是英文单词 Extaction 的缩写，两者结合在一起反映内训师对萃取对象追问的独立性要求。追问在访谈中通常是作为一种辅助手段，目的是帮助内训师更深入地了解访谈对象的观点，从而实现更深入的探讨和交流。然而，追问也可以有其独立性，即内训师的追问，不仅仅是对访谈对象回答的补充和引导，也是一种主动思考和探索的方式。在这种情况下，当内训师向访谈对象追问某个问题时，其实是内训师在根据自己的理解和兴趣，自发地提出深入分析和探讨的问题，以实现对萃取主题更深入的理解和思考。当然，追问的独立性并不会影响访谈的进行，反而可以增加内训师的知识和见解，帮助被萃取者挖掘出更多有意思的故事，使萃取结果更加充实和有意义。

2. 追问的完整性

C，是英文单词 Collectively 的缩写；E，是英文单词 Exhaustive 的缩写，两者结合在一起反映内训师对萃取对象追问的完整性的要求。追问的完整性是指追问的问题能够完整地涵盖访谈对象观点和经验的各个方面。这需要内训师具备全面的理解和分析能力，以掌握访谈对象的观点和背景信息。同时，内训师需要在追问的过程中不断回顾和总结，确保所有问题都得到适当的回答和解释。追问的完整性对于访谈的有效性和可靠性非常重要，只有通过全面的追问才能获得最准确、最详尽的信息。

（二）追问第一步：确定追问范围

在访谈中，追问的范围应该根据主题框架来界定。主题框架指的是内训师事先制定的访谈主题和目标，以及相关的问题列表。在这个框架下，内训师应该有一个清晰的追问计划，明确要追问哪些方面的问题，以及用什么方式进行追问。这样才能够确保所追问的问题有针对性，避免偏离主题和重复追问。同时，也方便内训师在访谈过程中对追问计划进行适当的调整和修改，以更好地达成访谈目的。

内训师的追问，要有一个聚焦点，即要深刻明白追问是"要解决什么问题"。在追问中，内训师需要将注意力集中在主题的关键点上，避免被被萃取者带偏而出现跑题的情况。这需要内训师具备辨别主题关键点的能力，能够通过追问深入了解访谈对象的核心思想和观点，把握访谈的重点，不断切入主题，提高访谈的深度和广度。通过这种方式，访谈者可以更好地了解访谈对象的内心世界和情感体验，从而达到萃取的目的。

内训师的追问，问题的范围应尽可能具体。追问的问题不是泛泛而谈，而是在聚焦主题的基础上尽可能将与主题相关的问题研究得更加深入。内训师追问范围的具体性取决于萃取的主题和目的，以及被萃取者的回答和反应。一般来说，追问的范围包括以下几个方面：一是深入了解被萃取者的观点和想法，包括细节、特别之处、原因、目的、经验等；二是探究被萃取者的情感和态度，包括感受、态度、情绪、心理等；三是探索被萃取者的生活和工作经历，包括经验、故事、成就、挑战等；四是深入了解被萃取者的背景和文化，包括价值观、社会关系、文化传承等。

内训师所提出的问题要有范围边界。在追问过程中，要时刻注意避免提出碰触对方底线的问题，避免出现收集不必要敏感信息的问题，因为这些会导致访谈失去效果或给被萃取者造成伤害。内训师需要根据被萃取者的背景和文化，正确地评估和处理敏感话题，引导被萃取者谈论相关的话题，同时维护好彼此的尊严。如果出现被萃取者反感或拒绝回答问题的情况，内训师需要适时把握时机，转移话题或尊重被萃取者的选择。通过保持追问的边界感，可以避免访谈过程中出现意外和不愉快的局面，达到积极的访谈效果。内训师也要时刻注意自己与被萃取者的边界感，不要自认为自己与被萃取者很熟，就没分寸地谈论一些隐私话题，这样会严重破坏内训师行业的专业性。

（三）追问第二步：寻找 MECE 切入点

追问的一个重要作用是寻找问题切入点，进而确定问题划分维度。内训师可以通过询问被萃取者"这个问题可以从哪些方面解决""其实您是从几个方面……""除此之外还有什么"等问题，帮助被萃取者确定回答问题的走向。

那么如何才能真正找到问题的切入点呢？下面详细介绍五种方法，作为寻找追问的问题切入点的工具。

1. 二分法

二分法是一种常用的追问技巧，通常用于寻找问题背后的根本原因或深层动机。该技巧基于辩证分析方法，在探究问题的时候将其划分为两个相反的方面，通过不断追问、比较和分析得出最终结论。

例如，在访谈中，内训师可以使用二分法来探究访谈对象观点和态度背后的原因。比如，访谈对象表示不愿意接受某项工作任务，内训师可以通过二分法来探究具体的原因，将其分为两个对立的方面，比如工作质量和工作压力。然后，通过追问细节和背景信息，比较两个方面的利弊，并最终得出访谈对象拒绝工作任务的真正原因，如可能是工作质量方面有缺陷，或者工作压力过大等。

一般来说，二分法可笼统概括为 A 与非 A 的辩论。如外部因素与内部因素、正向激励与反向激励、主观原因与客观原因、南方与北方等。

通过使用二分法，内训师可以将问题细化并深入分析，从而得到更加全面和深入的结论。同时，该技巧也有助于内训师与被萃取者建立深度沟通和信任，激发访谈对象的思考和回答，达到更好的访谈效果。

2. 要素法

要素法是一种将复杂问题分解为几个关键因素进行分析的追问技巧。内训师可以通过提取访谈对象所涉及的关键要素，帮助访谈对象更加清晰地表达自己的观点和思想，同时也可以深入探究问题的核心。

例如，在谈论一个产品时，内训师可以使用要素法，将该产品的重要因素，如价格、功能、设计等，一一询问并深入拓展。这样做可以帮助访谈对象更加准确地描述产品的特点，并从中识别出问题的关键所在，比如产品价格过高或设计不够人性化等。

要素法还可以被用来探究问题的发展趋势，比如技术创新、市场变化等。内训师可以将一些发展方向作为要素来探究。这样可以获得更加全面和深入的了解，帮助访谈对象更好地解决问题和把握机会。

总之，要素法能够有效地帮助内训师从复杂的问题中提炼出关键要素，并通过逐一追问这些要素来收集更多信息，深入推动问题的解决和理解的深度。

3. 过程法

过程法是通过追问访谈对象的经验和过程来揭示问题本质的追问技巧。在访谈过程中，内训师可以询问访谈对象具体的做法、策略和思路，以及在解决问题时遇到的障碍和挑战等。通过分析这些过程，内训师可以更好地理解问题的本质和解决方案。过程法中内训师一般运用到的表述可以是：过去——现在——将来；第一步——第二步——第三步；首先——其次——再次——最后等。

例如，在探究某个人的成功经验时，可以使用过程法来深入了解其具体做法和经历。访谈对象可能会提到一些具体的行动措施，例如行动计划、团队协作、创新思维等。内训师通过追问这些措施的具体操作步骤，以及在实施过程中所遇到的问题和挑战。并对这些细节信息进行收集和分析，更全面地了解访谈对象的成功经验，并将其应用于实际的生活和工作中。

过程法还可以应用于解决实际问题的场景中。在这种情况下，内训师可以追问访谈对象在解决问题时的具体过程，如问题发现、信息收集、分析判断等步骤，以及在过程中遇到的挑战和解决方案。通过深入了解这些细节信息，内训师可以为实际问题的解决提供更加全面和深入的思考及建议。

4. 公式法

公式法是一种利用特定的公式或模型来组织和指导访谈过程的追问技巧。内训师可以使用已有的公式或制定自己的公式，帮助访谈对象更加清晰地表达自己的观点，同时也可以深入探究问题的本质。

例如，在萃取市场营销策略经验时，可以使用 4P 公式（产品、价格、促销和渠道）来指导访谈过程。内训师可以针对每个要素分别询问访谈对象的看法和做法，并深入探究其背后的思路和策略。通过这样的组织方式，可以全面了解市场营销策略的制定和实施方式，并为实际问题的解决提供更加深入和全面的思考和建议。

公式法还可以被用于探究问题的本质和解决方案中。在这种情况下，内训师可以根据所面临的问题特点，制定适合的公式或模型来指导访谈过程。例如，对于一个复杂的业务问题，内训师可以使用 SWOT 分析（优势、劣势、机会和威胁）来进行追问和分析。通过这样的方式，可以深入探究问题的各个方面，从而为问题的解决提供有效方案。

5. 象限法

象限法也是一种常见的追问方法，内训师在追问阶段可以遵循象限法来更加精准地了解访谈对象的看法和思路。比如，内训师可以根据访谈对象的答案将其归入四个象限中的一个，然后有针对性地进行追问，深入了解其观点。通过这样的方式，可以更加深入地了解访谈对象的思维方式和解决问题的能力，为问题的解决提供更加精准和有效的方案。

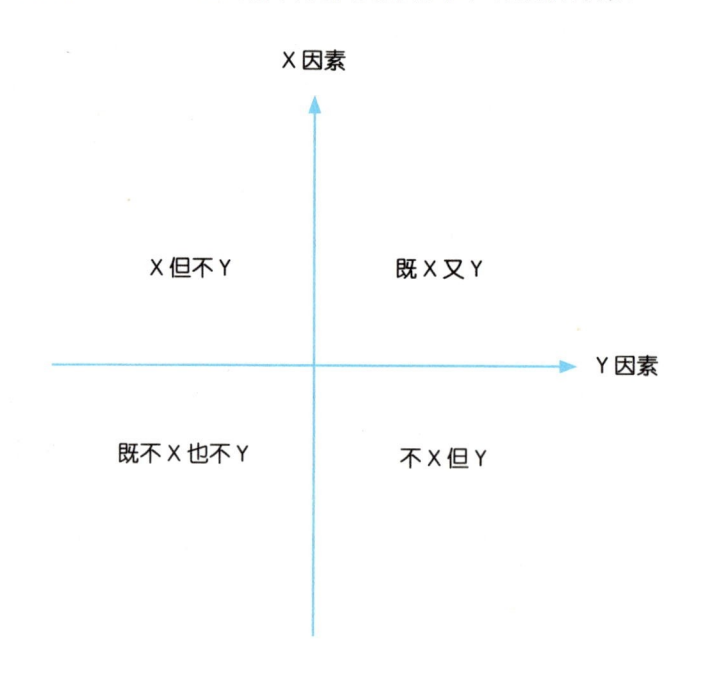

```
                    X 因素
                      ↑
                      |
        X 但不 Y      |      既 X 又 Y
                      |
    ←─────────────────┼─────────────────→ Y 因素
                      |
        既不 X 也不 Y  |      不 X 但 Y
                      |
```

图 5-5 象限法追问

比如在谈论人力资源问题时，内训师可以使用"优秀员工留存"这一问题，通过象限法的四个象限（高潜高绩、高潜低绩、低潜高绩、低潜低绩）来进行分析和追问，这样可以引导被萃取者分享自己在公司的人力资源管理工作中得出的经验，进而提供更加精准和有效的解决方案。

比如在萃取《如何对项目做决策》时，内训师可以使用"事物轻重缓急程度"这一问题，通过象限法的四个象限（紧急又重要、紧急不重要、不紧急但重要、不紧急也不重要）来分析各个项目工作的严重程度，从而引导被萃取者分享自己萃取项目时的考量，进而提供更加精准和有效的项目决策经验。

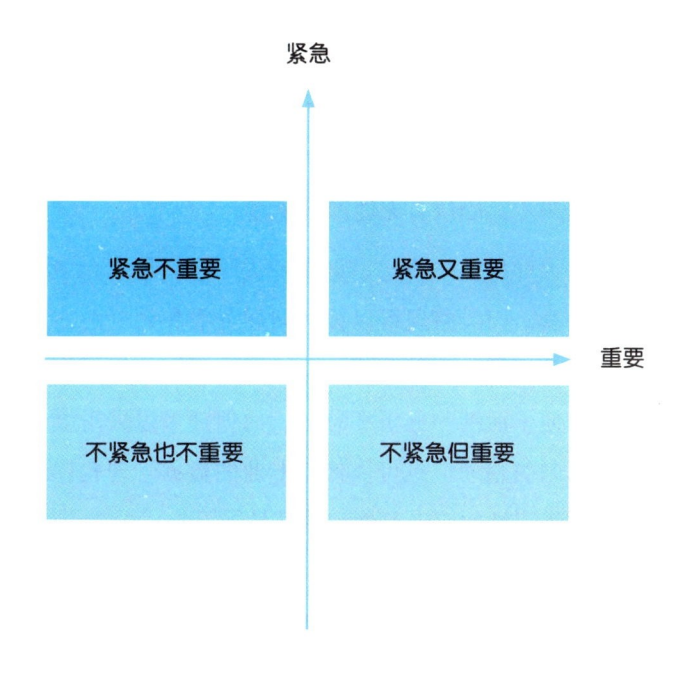

图 5-6　事物轻重缓急程度的象限法

（四）追问第三步：确定细分维度

在追问时，内训师可以考虑问题的不同方面、不同维度，以及对访谈对象的答案和观点等进行维度细分。在划分的维度范围内，反复追问还未涉及的内容。这样可以更加全面地了解问题的本质，并为问题的解决提供更加有效的思考和建议。

在追问时，通过询问被萃取者"再往下一步，可以从哪些维度细分"的方式，深入探究访谈对象的回答、思考方式和认知结构，以及其对问题的评估和解决方案等。利用此种方式，访谈者可以更加全面地了解问题的本质和要点，为解决问题提供更详细的方案。

或者是内训师可以通过追问被萃取者"这个部分又包含了哪些内容"的方式，反复追问还未涉及的内容，以获得更加全面的萃取内容。例如，访谈对象提到遇到了关于员工福利待遇的保障问题，内训师可以进一步追问公司为员工提供福利待遇的措施、具体细节、出现问题的原因、问题对整个公司建设的影响等，了解问题的本质并得到有效解决方案，进一步丰富自己的萃取成果。

（五）追问第四步：确认有无遗漏或重复

在追问时，内训师应及时将研讨记录归类整理，形成金字塔结构，以确认有无遗漏或重复。归类整理可以按照问题分类和划分的方式来进行，也可以按照访谈对象提供的观点和建议来进行。内训师需要将访谈记录进行整理和梳理，以便于后续的分析和总结。内训师可以采用电子记录或纸质记录的方式进行归类整理，也可以使用专业的数据管理软件来进行管理和存储，以保证访谈记录的可追踪性和完整性。

内训师需要仔细检查问题分类的准确性，并在访谈的尾声再次确认总结问题和解决方案。同时，内训师也需要避免重复问同一个问题或者重复确认同一个细节，否则会浪费时间，也无法提供更深入的信息。内训师需要在访谈的过程中发挥自己的判断和沟通能力，以确保访谈的质量和有效性。

第四节 案例实操

一、萃取项目主题

《网点营业中心如何提升客户的保有率》。

二、萃取背景

客户挽留、回访、关怀及售后关系维护是客户经营中心开展主动服务的主要方式，更是提升高星级客户的满意度和保有率的关键手段。江西某客户经营中心自 2022 年 10 月份以来，创新经营策略，在解放区某中心网点客户维护与挽留中心（简称维挽中心），增设维挽转系，负责该主城区下设乡镇移动用户挽留工作。连续半年以来，该网点的客户经营中心维挽效果明显，平均挽留客户高达 200 余户，维系降档客户超 80 余户，销户客户降档 80%，受到总公司的大力赞扬。经公司市场部的统筹安排，邀请内训师汪老师前往该网点对其营业中心的客户维护与挽留相关经验进行萃取。

三、萃取对象

我方引导师：汪老师。

解放区某中心网点负责人：曾主管。

四、萃取过程分析

（一）内训师引导营业中心主管对维护与挽留组织架构进行梳理

汪老师：曾主管，可以简单介绍一下您这边开展客户维挽中心的基本组织架构吗？（萃取技巧：提问）

曾主管：我们公司的维挽工作整体上可分为三个板块。一是维挽中心的主管，主要负责客户维系与挽留工作的工作规划、活动人员组织、日常工作考核与绩效评估等工作。二是维挽中心的负责人，主要负责定制挽留方案、收集挽留信息、指导工作安排、完成各类报告的审核等工作，其下设信息组和联盟组，信息组负责客户数据的整理分析、挽留方案的制定等工作，联盟组主要负责分级服务和服务项目的开发。三是维挽中心值组长，负责中端及低端用户的管理与生产现场的管理，设高端用户组和低端用户组。（萃取技巧：倾听）

根据上述谈话信息，内训师汪老师抓取了关键内容，对维挽中心的组织架构及人员职责进行了认真的梳理，描绘出了该中心的组织管理架构图，获得了曾主管的强烈认可。

汪老师：曾主管，根据您刚才的描述，我简单勾画出了这样一幅组织架构图，烦请您看一下是否符合中心的工作安排呢？（萃取技巧：回应＋启发）

曾主管：很好，营业中心的整体工作安排就是这样。

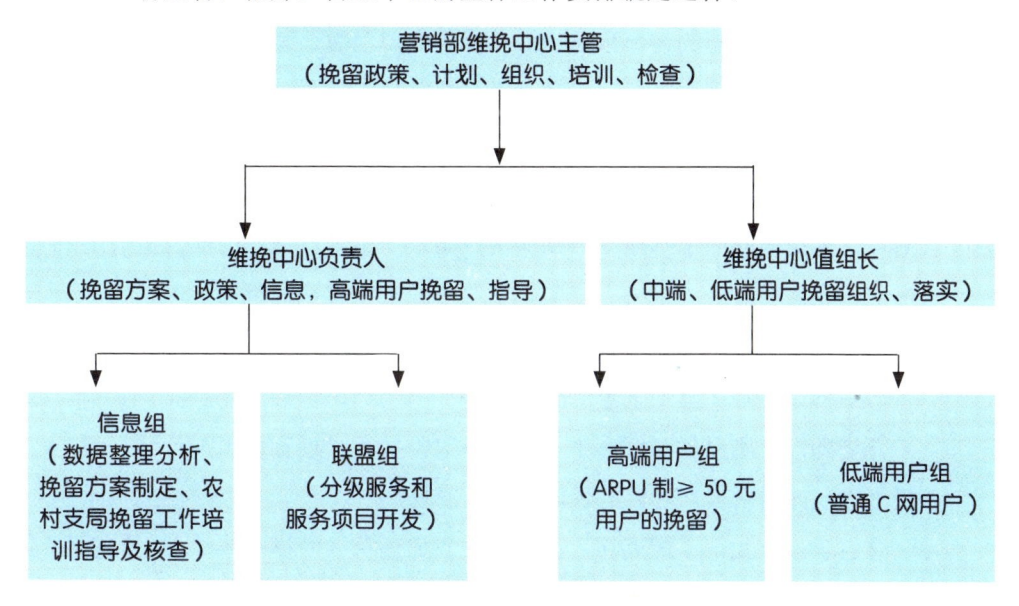

```
              营销部维挽中心主管
          （挽留政策、计划、组织、培训、检查）
                    │
         ┌──────────┴──────────┐
         │                     │
    维挽中心负责人          维挽中心值组长
（挽留方案、政策、信息、    （中端、低端用户挽留
 高端用户挽留、指导）         组织、落实）
         │                     │
    ┌────┴────┐            ┌───┴────┐
    │         │            │        │
  信息组    联盟组       高端用户组  低端用户组
（数据整理分析、（分级服务和  （ARPU制≥50元 （普通C网用户）
 挽留方案制定、 服务项目开发）  用户的挽留）
 农村支局挽留工
 作培训指导及核查）
```

图 5-7 解放区维挽中心组织架构

（二）内训师引导营业中心主管总结维挽工作经验

曾主管：自从 2022 年 10 月份客户经营中心决定统一思想，高度重视老客户的维系工作以来，我们实施了各项举措。一是在中心营业厅增设了维挽专席，在电子取票处增设套餐咨询、套餐变更解读等多项咨询服务，客户凭票即可前往专席办理。二是中心每周举办一次工作经验总结会，进行维挽话术的培训，规范我们与客户间的沟通流程。

汪老师：所以总结起来，一是对外设立维挽专席，二是对内进行维挽话术的经验总结。是这样的吗？（萃取技巧：重复 + 总结）

曾主管：对，可以这么说，但我们仅仅做这两个工作是远远不够的。

汪老师：那中心还有什么成功的经验可以接着向我们分享的吗？（萃取技巧：提问）

曾主管：维挽工作是需要各部门共同合作完成的。信息组根据分发的资料，查询各类维挽类型客户，如具体分为"正常开机""报失""欠费""已经销户"等各种状态的客户数量，汇总相关客户信息。紧接着，各用户组工作成员会一一对接相关客户，完成日常维挽工作。

汪老师：明白，您说得非常有条理。（萃取技巧：认可）您的意思是，维挽工作是一项团队协作的工作。（萃取技巧：重复）那我可不可以这样理解，仅仅是面向前来营业厅咨询的客户增设一个维挽中心的部门是远远不够的，还需要做好"报失""欠费"等不同类型客户的维挽工作？（萃取技巧：启发）

曾主管：差不多就是这个意思。

汪老师：您刚刚说，营业中心每周会对维挽话术进行讨论与总结，那有没有比较好的话术，可以给我们分享一下呢？

曾主管：比如，了解到您家比较远，我们还可以安排师傅提供上门安装宽带服务。

汪老师：这个是针对宽带网络安装的。（萃取技巧：回应）那什么样的情况下，会说这句话呢？（萃取技巧：追问）

曾主管：主要还是发生在客户咨询宽带安装的时候。有时候，我们看到客户当月流量使用相对较大，话费金额又满足宽带安装的要求时，我们会建议客户安装宽带，方便使用。

汪老师：明白了，这样的做法确实能够维持与客户之间的联系。（萃取技巧：认可）那我能不能这样理解，成功挽留客户的前提，是在基于了解客户需要的基础上？（萃取技巧：启发）

曾主管：您说得很对，也正是我想表达的意思。知己知彼，才能百战百胜。客户的需要，一直是我们追求的目标，这也是我们营业中心的服务宗旨。

第六章

轻萃取的关键点提炼

　　轻萃取中，完整的提炼过程可概括为四步：第一，分析表达的本质；第二，表示关键要点；第三，归类知识体系；第四，拔高文字描述。提炼关键的核心在于：一是对于基础结构的科学梳理，二是掌握知识关联的技巧，三是巧用高度总结的技巧。提炼的本质在于材料的分析、材料的转化及材料的运用。

第一节　挤掉水分，提炼干货

一、发现表达的本质

内训师在访谈过程中需要了解被萃取者所表达的真实意图和背后的动机。被萃取者可能会通过某些表述方式来掩盖真正想表达的问题或想法，此时，需要内训师通过广泛的观察和反复的追问，了解被萃取者的真实想法和感觉，而不仅仅是记录表面上的话语。

一个人通过不断学习、吸收、实践、复盘、优化，会总结出一套个人生存法则。他的这套生存体系，在他的生活中经过了反复验证和不断改进，直至成为一种可以完美地解释他所看到的客观世界的理论模型。而内训师的作用就是要将这套生存法则理论模型萃取出来，并展示给需要的人学习和使用。如果想真正萃取出有用的经验模型，仅仅依靠被萃取者口头的论述是完全不够的，那些表象无法让萃取出的理念在行业内立足。内训师应该找出表象后更深层次的东西，去探索对方想要表达什么。

当被萃取者向内训师表达出对某个产品不满意时，实际上，他不满意的背后可能隐藏着更深层次的问题，比如公司管理制度不完善、领导作风不公正、工作强度大、福利体系不完善等。内训师需要通过反复询问和观察，才能发现问题的本质，而不仅仅是看到被萃取者表面上的不满就停止了。正确的做法是，内训师需要询问被萃取者是否在工作中遇到了哪些问题，是否接触过人力资源部门，以及对公司未来发展的建议等，才能更好地了解问题的本质和被萃取者的需求。

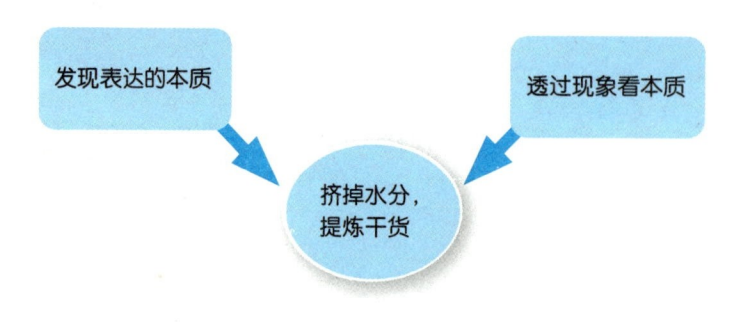

图6-1 萃取中如何提炼干货

二、透过现象看本质

想要透过现象看本质，内训师需要具备一定的思维能力和观察能力。首先，要保持开放的思维，对待任何事不应过早地下结论。其次，要做到全面观察，不仅关注表面现象，还要注意背后的原因和动机。再次，要进行深入的追问和探究，不断挖掘问题的本质和涉及的所有方面。最后，要进行综合分析和思考，将多个方面的信息和观点综合起来，提出更加准确和全面的建议及解决方案。总之，透过现象看本质需要内训师具备独立思考、深入探究和整合分析等多种能力。

在具体的萃取过程中，要想发现问题的本质，内训师除了具有一定的思维能力外，还需要关注很多地方。首先，内训师需要关注被萃取者所使用的话语、身体语言等，寻找表达背后的真实意图。其次，内训师需要对被萃取者提出一系列深入的追问，将访谈过程中的信息、观点和感受进行整合和归纳，以了解问题的本质和涉及方面。再次，内训师需要将访谈中所获得的信息和观点与其他来源进行比较，以帮助发现问题和需求的本质。最后，内训师要进行多方面的思考和分析，提出更加准确和全面的建议和萃取方案。

三、《移动公司电话销售员工压力缓解》案例实操

在关于《移动公司电话销售员工压力缓解》的案例萃取过程中，内训师王老师询问销冠张丽工作中存在的问题和困难。张丽表示，自己虽然每个月业绩尚可，但强大的电销压力让她产生了力不从心的感觉，很多时候需要更多的额外时间来完成任务。针对此种情况，王老师可以通过深入追问和多方比较的方式，发现问题的本质并提出解决方案。具体方法如下：

第一，关注表达方式。王老师通过张丽所使用的词语和表情，了解到其工作压力较大，且需要更多的额外时间来完成任务。

第二，深入追问。王老师进一步追问张丽，了解其所面临的具体问题和原因，例如任务量过大、工作难度较高等。

第三，归纳总结。王老师将张丽所述问题进行整合归纳，发现张丽的关注点在于工作量大、任务难度大等问题。

第四，多方比较。王老师对张丽所述问题进行比较，并对其他有关张丽工作的数据和信息进行收集，以更全面地理解张丽所面临问题的原因。

第五，分析思考。王老师通过综合分析所收集的信息和观点，提出解决方案，例如企业可以通过调整工作流程的方式来缓解张丽的工作压力，也可以通过支持张丽学习的方式来提高其工作能力。

通过以上分析，内训师王老师抓住张丽所面临的本质问题，也提出了更加准确和全面的解决方案，从而达到了访谈目的。

第二节 抽丝剥茧，明晰要点

一、标识关键要点

标识萃取过程中的关键点是为了帮助内训师回顾和整理访谈内容，找出问题的本质并提出解决方案。同时，也可以帮助内训师更加全面、准确地了解访谈对象的观点和需求，提高访谈效果，达到访谈目的。在萃取过程中，内训师需要时刻关注被萃取者表述中关联度最高的是什么。内训师在萃取过程中，需要将标识的关键点一一串联起来形成萃取记录。

关键词的形式一般有两种：一种是主题导向的关键词，如"销售""管理""员工流失率"等，另一种是强原因相关的关键词，如"团队合作""不怕吃苦的精神"等。萃取过程中，关键词的选择应该根据具体情况灵活处理，既要考虑信息表达的准确性和全面性，又要兼顾萃取成果表现出来的效率和精度。一般来说，主题导向形式的关键词可以更准确地定位和反映信息，但是搜索结果会相对较少；强原因相关的关键词可以覆盖更广泛的信息，但是容易产生误匹配和冗余结果。在使用关键词时，建议根据具体情况和使用场景进行灵活选择和组合。

主题导向的关键词是指在会议记录、总结、纪要等文档中，根据主题和关注点所确定的用于标识和筛选信息的关键词。这些关键词应该具有明确的主题连贯性和区别性，能够帮助读者快速理解并找到所需信息。比较常见的主题导向关键词包括人名、地名、项目名称、时间点、重要决策、关键指标等。在实际应用时，需要根据具体情况和目的灵活性选取和使用关键词。

强原因相关的关键词是指在分析和解决问题时，用于识别和描述问题原因的关键词。这些关键词应该具有明确的因果关系和逻辑连贯性，有助于深入分析问题本质并找到有效的解决方案。比较常见的强原因相关的关键词包括根源、失误、漏洞、缺陷、误判等。在实际应用时，需要根据问题性质和具体情况灵活选取和使用关键词。

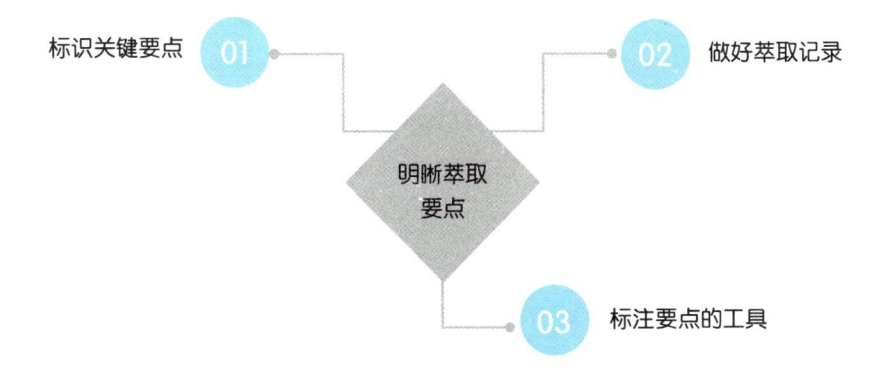

图 6-2　明晰萃取要点的操作步骤

二、做好萃取记录

（一）萃取记录的真实原则

萃取记录是萃取成果之根基，是展现萃取成果的蓝本，因此完整、准确、清晰是其基本要求。萃取记录必须真实地记下会议的整个原貌，包括时间、地点、参加对象、会议议题和议程、与被萃取者的讲话内容要点、会议总结或议定的事项，等等。尤其是要记录好被萃取者的讲话原意，不可随意删减。对于每一个被萃取者的姓名和职务，都要认真记录清楚。当萃取对象是一个团队的时候，可能会面临人员多、内容较广、萃取话题也较分散的问题，这便要求内训师在做萃取记录时要分门别类地记录清楚。对一些不明事项，应在萃取访谈结束后，立即向被萃取者核实，以免产生遗漏。

（二）萃取记录的详细原则

进行萃取活动必须做好萃取记录，以方便内训师总结经验成果。但实践过程中，有的内训师对萃取记录的整理工作并不甚了解，不是把萃取记录写成"访谈纪要"，就是把萃取记录写成简单的"访谈要目"，并没有处理好"记录"与"访谈"的关系。所整理的萃取记录要么是"水分"太大，内容太杂，从而出现"眉毛胡子一把抓"的情况；要么是照搬照套以前的访谈，缺乏萃取主题相关重点，无法体现萃取主题的内涵。以上这些行为都无法达到萃取记录关键点标识清楚、有条理的要求。

详细的萃取记录可以帮助内训师更好地回顾和分析过去发生的事情，找到关键问题和解决方案，从而提高工作效率和质量。此外，详细记录还可以帮助内训师在与被萃取者的工作交接、沟通和合作方面更加顺畅和高效，减少彼此误解。同时，详细记录还可以作为备忘录和证据，为日后的经验总结工作和知识宣传推广提供重要的参考和支持。

（三）记录≠纪要

萃取记录和纪要虽然都有记录萃取内容的意图，但是它们的形式、内容、作用和使用场合都有所不同。萃取记录一般是一篇完整的文档，包含详细的事件描述和处理过程，主要用于事后回顾和分析。而纪要则是对会议、活动、报告等主题的简要概括和整理，通常只包含要点和相关决策，主要用于沟通交流和工作落实。由此可见，萃取记录需要详细全面，而纪要则需要精简准确。

萃取记录的精髓在于标识关键点，准确把握萃取过程。如何抓住关键点，则需要从被萃取者的发言中提炼出他的关键性观点、主张和结论。具体要做到"四善于"：一是善于区分出被萃取者的意见与表态性、结论性意见的差别；二是善于抓住被萃取者或某些权威人士发言的实质；三是善于领会、把握被萃取者的总结性发言；四是善于统合被萃取者围绕萃取主题有关的意见。可以说，掌握了以上四点，就等于把握住了萃取记录的基本框架。

三、标注要点的工具

标注要点可以帮助内训师快速理解和掌握被萃取者在萃取过程中的重要信息，迅速筛选和抓取所需信息，避免浪费时间和精力。此外，标注要点还可以帮助内训师厘清信息的层次和逻辑关系，提高萃取效果和准确性。但在萃取过程中，哪些要点需要标注，哪些要点需要重点标注，却没有一个明确的标准。

依据相关培训经验，对在萃取过程中需要重点关注的要点，进行了如下总结，希望能给大家带来一些帮助。

第一，被萃取者的基本信息。包括姓名、职业、年龄、性别等。

第二，萃取过程的时间、地点和情境背景。记录萃取过程的具体时间、地点，以及被萃取者所处的背景条件，例如被萃取者的工作环境、生活环境等。

第三，萃取过程的目的和问题提出。明确萃取过程的具体目的和问题提出，帮助萃取过程者更清楚地了解被萃取者的需求和关注点。

第四，萃取过程中的关键点和重要观点。记录萃取过程中被萃取者所表达的重要观点和关键问题，并进行分类和整理。

第五，萃取过程中被萃取者谈到的项目结果和对解决方案的总结与归纳。根据萃取过程的结果，总结和归纳被萃取者的需求、问题、经验等，提炼萃取成果并进行整理分类。

第六，萃取过程中出现的任何问题和疑问。记录萃取过程中出现的任何问题和疑问，帮助萃取者进一步跟进和调查。

第七，萃取过程中需要进一步跟进和调查的事项。记录萃取过程中需要进一步跟进和调查的事项，并进行整理和分类。

第三节　触类旁通，脉络关联

一、内容的归纳

任何内容的表达阐述均可以梳理其基础的逻辑结构（时间、结构或程度），如果无法从内容中梳理正确的逻辑主线，则需要重新对内容进行归纳总结。归纳内容可分为挖掘内容表达的本质、将同类内容划分组别、确认分组的来源、加上逻辑顺序、提炼重点五个步骤。

内容的归纳
- 01　挖掘内容表达的本质
- 02　将同类内容划分组别
- 03　确认分组的来源
- 04　加上逻辑顺序
- 05　提炼重点

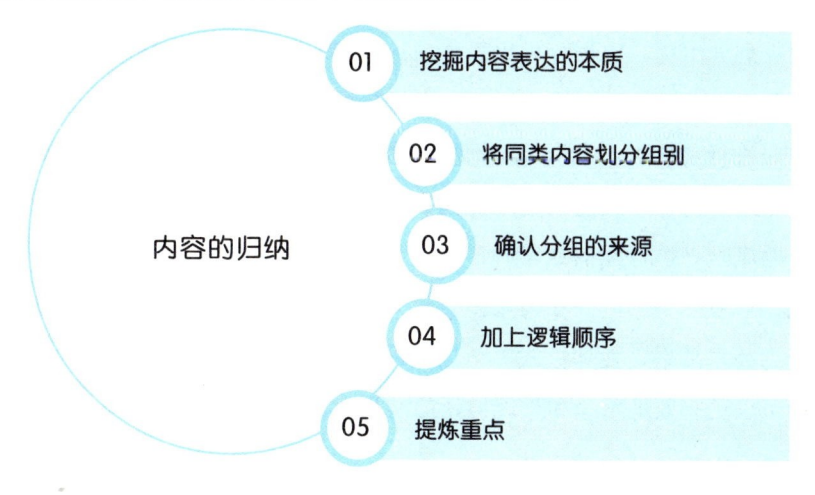

图 6-3　萃取内容的归纳步骤

（一）挖掘内容表达的本质

挖掘内容表达的本质是指对萃取过程中所包含的深层含义和逻辑关系进行探索和理解。在挖掘内容表达的本质时，内训师需要运用理解、推理和归纳等方法，深入思考萃取过程中被萃取者所要表达的思想、观点和情感，并通过分析萃取过程所使用的语言、表达手法和结构等因素，理解其表现形式和特点。挖掘内容表达的本质可以帮助内训师及后来的学习者更深入地理解萃取过程，掌握其核心要义和价值观，为后续的分析和决策提供有益的参考。同时，挖掘内容表达的本质也有助于提高被萃取者对萃取过程的分析和解读能力，增强自身的语言表达和思维能力。

（二）将同类内容划分组别

将同类内容划分组别是指对萃取中相似或相关的内容进行分类和归纳，以方便整理和理解信息。在萃取过程中，内训师采用分级分组的方法，将分组的层次和级别明确，才能更好地组织和管理信息。

在将被萃取者口中的同类内容划分组别时，需要根据访谈时的语言、主题或内容特点等因素，将被萃取者所说的故事或项目划分为不同的类别或领域，并将相似或相关的内容放在同一组内进行比较和分析。通过将同类内容划分组别，内训师可以更清晰地了解萃取的结构和内容，透彻理解其中的逻辑关系，为后续分析和结果提炼提供有益的参考。

在进行访谈时，内训师将同类内容划分组别可以帮助自己更好地把握访谈主题和内容，从而精准地提问和引导被萃取者回答。例如，当面对某位金融风险管控行业的专家时，可以将其讲述的内容分为理论分析、实践案例、行业趋势等，而在与集团负责人做萃取访谈时，可以将其讲述的内容分为公司战略、业务模式、市场表现等。通过将同类内容划分组别，内训师可以更有效地整理和呈现访谈的结果，提高萃取的效果和价值。

（三）确认分组的来源

内训师在萃取过程中确定被萃取者同类话题分组的来源，同样需要仔细阅读和理解萃取过程内容，根据萃取过程的特点将萃取内容划分为不同话题。通过确认分组的来源，可以将同类内容归并到一个组别中，避免信息错乱或者遗漏等情况出现，提高萃取效率。

概括来说，确定话题的来源有以下几个步骤：

第一，梳理萃取过程内容，将萃取过程中的重点内容提取出来。

第二，根据重点内容的不同性质，将其划分为不同的话题或领域。

第三，确定话题的归属和关系，使用分级分组的方法，将话题的层次和级别明确，以便更好地组织和管理信息。

第四，确认分组是否正确，需要进行反复核对和修正，以确保分组的准确性和完整性。

（四）加上逻辑顺序

在萃取时，内训师除了确定同类话题分组的来源外，还需要加上逻辑顺序，以保证萃取内容的条理清晰，让学员更易于理解和接受。

在访谈中，逻辑顺序的加入非常重要，它可以使访谈内容更加清晰、有条理性，让学员更加容易理解和接受访谈的内容和意图。具体来说，加上逻辑顺序有助于整合和组织信息。这是因为萃取访谈中可能会涉及很多话题和内容，逻辑顺序可以让这些话题和内容有规则地组合在一起，形成一个完整的访谈内容。同时也有助于引导被萃取者了解内训师，让双方清楚地知道访谈的结构和主线，并进一步理解访谈的核心内容。

逻辑顺序的加入可以从以下几个方面实现：

第一，为被萃取者的每个话题制定一个结构框架，确保每个话题有明确的开头、中间和结尾，让内训师能够及时明白萃取的整体结构和意图。

第二，在同一话题内，内训师可以根据内容性质或时间顺序，将其划分为不同的小节或子话题，以便被萃取者更好地组织和管理语言，完善自己的表述。

第三，使用转折词或连接词，可以让被萃取者谈论的每个话题之间有明确的逻辑关系和衔接，避免出现信息断层或跳跃的情况。

（五）提炼重点

在萃取中，提炼重点是非常重要的一步，通过提炼重点可以将核心内容突出。由此看来，提炼访谈的重点是为了让访谈更加精练有力、内容更加具体，可以帮助内训师和被萃取者更好地掌握信息，把脑海中的隐性经验显现出来，同时也可以让后来的学习者们更加清晰地理解萃取的意图和主题。除此之外，通过提炼重点还可以优化访谈的效果和成果，让访谈更加精准地传达信息和观点，达到更好的宣传效果和发声效果。

在关于"家庭教育方式的选择和效果"的讨论会上，家长们各抒己见，纷纷表达了自己对家庭教育方式的看法。

对话内容：

A：我认为传统的家教方式最有效果，家长要严格要求孩子，如按时完成作业，随时规范自己的行为。

B：我认为现代开放式家庭教育更适合现代社会，家长需要和孩子保持良好的沟通和互动。

C：我觉得孩子的个性和特点是选择家庭教育方式的重要因素，不同的孩子需要不同的教育方式。

D：我认为家庭教育并不是唯一的选择，孩子还需要得到来自社会和学校方面的教育，这样才能全面发展。

对此，培训师赵洁根据家长们的发言，提炼出以下对话重点，并获得了全体家长的一致认同。

第一，家庭教育具有重要的作用，家长需要根据孩子的特点和需求选择适合的教育方式。

第二，不同的家庭教育方式都有其特点和适用范围，家长可以根据实际情况进行选择和尝试。

第三，孩子需要得到来自多方面的教育和训练，家庭教育只是其中之一，其他方面的教育同样重要。

二、规律的总结

（一）找出共性规律

共性指多个事物、现象之间所具有的相同特点、特征、规律等，是指它们在某些方面具有相同的表现形式和共同的本质属性。在萃取过程中，通过找出被萃取者谈话内容多方面的共性，内训师可以更好地理解被萃取者的观点和态度，以及形成更全面准确的结论和分析。

在萃取过程中，归纳总结的关键在于找出各结论之间的共性，将它们归纳为一个更普遍的概念或规律。通过寻找共性，我们可以更好地理解被萃取者所表述的各个结论之间的共同点和差异，并有助于我们形成更有力的结论和分析。在访谈中，通过找到被萃取者的共性观点和重要信息，我们可以更好地理解他们的观点，并有针对性地展开更深入的讨论。

要找出各结论内容的共同规律，首先需要明确对话的主题和话题，然后根据被萃取者的讨论内容，提取他所阐述的共性观点和理由，以及反复强调的重要信息和观点。在此过程中，还需要注意与被萃取者的互动和交流方式，以便更好地理解被萃取者所表述的观点。

（二）规律总结的步骤

1. 首要动作

找出各结论内容的共同规律，首要动作在于把所有结论写成主语、谓语都具备的完整句子。其目的在于使被萃取者的访谈语言更加清晰、流畅地传达信息，避免出现歧义和混淆。在同一段落或文章中，为了保持连贯性和一致性，可以尽可能地采用相同的句式和结构，以达到更好的效果。

句子的完整性是指一个句子必须包含主语、谓语和宾语，能够独立构成一个完整的语言单位。句子的完整性对于语言交流和理解能起到关键作用。如果句子不完整,可能会导致信息不完整、表达不清、歧义等问题出现,影响沟通和交流的效果。此外,完整的句子也有助于提高文章或段落的流畅度和语言质量,使表达更加准确清晰。

一个完整且规范的句子能够使被萃取者想要表达的想法清晰呈现。同时,把所有结论都写成主语、谓语都具备的完整句子,也能够增加萃取结果的可读性,并提高写作或者口语的整体质量。要想把所有结论都写成主语、谓语都具备的完整句子,需要句子主谓宾结构要清晰,即句子的主语、谓语和宾语要表达明确,不含歧义。同时要规范句子的结构顺序,一般情况下,一般是主语在谓语前,宾语在谓语后。最后不断学习和使用相关的语言技巧和知识,能让我们更好地梳理逻辑结构。

2. 判断标准

下面三种情形满足一种则可基本判定为具有共性。

(1)针对同一类主语。同一类主语具有共性,指的是在句子中使用相同类别的主语,用于表达相同或相似的意思或行为。例如,"狗、猫、鸟类"是同一类主语,是指不同种类的动物,可以用来表达与宠物有关的话题或行为,如"狗、猫、鸟类都需要健康饮食和运动"。同一类主语的使用可以使句子更加简洁明了,也有助于避免重复或不必要的表达。需要注意的是,在使用同一类主语时,应使用正确的词形和语法,以保证句子的准确性和流畅性。

(2)针对同一类谓语。同一类谓语指的是在句子中使用相同类别的谓语,用于表达相同或相似的动作或状态。例如,"跑、走、跳"是同一类谓语,都是指不同方式的移动,可以用于表达与运动有关的话题或行为,如"他们不时地跑、走、跳,在户外度过了愉快的一天"。同一类谓语的使用可以使句子更加简洁明了,也有助于避免重复或不必要的表达。需要注意的是,在使用同一类谓语时,应使用正确的时态,以保证句子的准确性和流畅性。

（3）针对同一类隐含的思想。同一类隐含的思想指的是在句子中使用相同或相似的表达方式，用于表达相同或相似的隐含意思或文化背景。例如，"老是抬杠""打太极"和"站着说话不腰疼"都是指不同的隐含意思，可以用来表达与各自相关的话题或行为，如"他们老是抬杠，不肯放过我的任何错误"。同一类隐含的思想的使用可以使句子更加生动有趣，也有助于传递深层次的意思。需要注意的是，使用隐含的意思要视情况而定，不宜在正式场合或对不熟悉相关文化的人群使用，以免造成误解或冒犯。

三、知识关联技巧

（一）纵向关系

纵向关系是指一个事物、现象、概念等在时间上的演化过程，也可称之为历史演进关系。在分析研究某个问题时，我们需要考虑其纵向关系，了解其发展历程和演变规律，进而深入理解问题的本质和特征。例如，对于某个行业的发展情况，我们需要探究其历史背景、阶段性变化和未来趋势，才能更好地了解该行业的特点和定位。

一般情况下，在萃取过程中，内训师会通过询问三个标准问题，纵向引出主题，即为什么（因果）、如何（流程）、您如何知道（论证）。简单来说，就是在萃取过程中，内训师可以关注被萃取者对于某一问题、议题的观点和态度在时间上的变化，以及其背后的原因和影响因素。通过了解被萃取者的纵向变化，可以更好地理解被萃取者的个人经历和社会背景对于观点和态度的影响，同时也能更准确地评估被萃取者谈话内容的可信度和说服力。此外，访谈过程中还可以探究某个主题或话题的历史演进过程，例如某一技术的发展历程或某一政策的实施效果，以便更好地了解其本质和特征。

下面举一个纵向关系知识关联中"为什么"的例子。一般业绩卓越的基层管理者也是所负责部门的真正人事主管，但一般人事主管所做的事与优秀的基层管理者所做的事之间有极大的差异。首先，基层管理者充分参与业务运作，了解基层人员正在做的事。其次，他们对质量的要求非常高，了解优秀的深层意义，能发现优秀员工。最后，他们能确保负责最重要工作的人员具有岗位所必需的素质。

```
        业绩卓越的基层管理者
             的工作
    ↓            ↓            ↓
了解基层员工的   发现优秀员工   在重要工作岗位
  工作内容                    上留住优秀员工
```

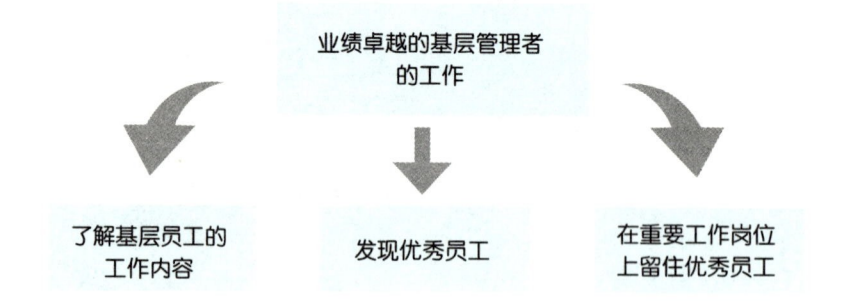

图6-4　公司基层管理者对员工工作进行纵向关联

下面举一个纵向关系知识关联中"如何"的例子。怎么分辨孩子行为背后的目的呢？答案就是观察孩子行为背后的潜在含义。您盯着孩子写作业，他就乐意写，但您一离开，孩子就去干其他事。这种行为背后的含义很可能是孩子在寻求您的关注，潜台词是"您多看看我"。对于这种寻求关注的孩子，您可以主动给他安排家务、手工之类的活动，跟他一起完成。孩子感受到了您的关心，就不会再在写作业这件事上寻求您的关注了。

当您让孩子去写作业，他们装作没听到，或者故意和您对着干，大声说"不"。此时，孩子很可能是在显示自己的权力，潜台词是"您没法命令我"。这时候，您要避免冲突升级，别和孩子争吵，让他知道您不会使用家长的权威来压制他。等双方都冷静下来，再和孩子沟通，制定一个双方都满意的方案。

您让孩子做作业，他却故意说出很伤人的话，甚至还会撕作业本。

这种情况下，孩子多半是在报复，潜台词可能是"成绩竟然比我还重要，你们根本不爱我，那我也让你们不高兴"。此时，千万不要强迫他，要表示理解，想办法共同完成一件事，让孩子在平等共处的氛围中解开心里的疙瘩。

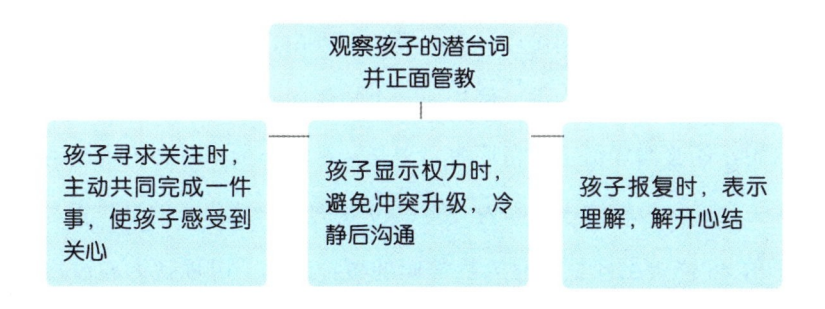

```
            观察孩子的潜台词
              并正面管教

孩子寻求关注时，   孩子显示权力时，   孩子报复时，表示
主动共同完成一件   避免冲突升级，冷   理解，解开心结
事，使孩子感受到   静后沟通
关心
```

图 6-5　父母对孩子的行为进行纵向关联

（二）横向关系

横向关系是指在同一时间点上，不同事物、现象之间的联系和影响。在分析研究某个问题时，我们需要考虑其横向关系，了解其与其他相关因素的相互作用和影响关系，进而深入理解问题的本质和特征。例如，对于某一政策的实施效果，我们需要考虑其与经济、文化等方面的因素的横向关系，以便更好地理解其实际效果和可能存在的问题。

在访谈中，我们也可以关注被萃取者对于某一问题、议题与其他相关因素之间的横向关系，以及其背后的原因和影响因素。通过了解被萃取者的横向关系，便可以更好地理解他们的观点和态度，并进一步探究这些因素对于问题的影响和作用方式。此外，访谈过程中还可以探究不同被萃取者之间的横向关系，例如不同部门、团队或个人之间的合作与竞争关系，以便更好地理解这个个体或群体行为的特征和动机。横向关系一般有归纳推理和演绎推理两大类。

1. 归纳推理

横向关系中的归纳推理一般聚焦 3~4 个相似的观点，用以支持既有的想法或协助您推导出新的观点。这些分组的观点总是可以由一个单一名词加以描述，它能够概括该组所有思想，如"问题""改变"或"结论"。一般来说，这个单一名词可以分为三类，即理由、步骤及证明，通常对应为什么、如何、您如何知道。例如，一个烧烤店认为每年安排员工及家属出去旅游，能够增加员工的留职率。于是，在每年的 3 月会出资邀请员工及家属去全国各地旅游，时间为一周。10 年间，虽然店里的工作很辛苦，但店里的 28 位员工却很少有人提辞职的事。因此，可以认为通过增加对员工及家属的福利待遇，能减少人才流失。

2. 演绎推理

演绎推理是一种从前提条件出发进行推理的方法，以得出结论。在商业中，演绎推理经常用于解决问题和作出决策。例如，如果我们知道销售额下降的原因是竞争对手推出了更好的产品，那么我们可以推断出为了提高销售额，我们需要推出更好的产品或者改进现有产品。演绎推理在商业中也需要关注前提的准确性和可靠性，以确保得出的结论是正确的。

演绎推理必须进行三段论式的论述，即第二个思想是对第一个思想的主语或谓语作出的表述；第三个思想则是从前两个思想中得出推论。比如我们知道，多巴胺能够传递兴奋及开心的信息，这是演绎推理的大前提。同时，我们也知道，运动能够促进多巴胺的分泌，这是演绎推理的小前提。最后推论出，运动可以使人开心。这便是演绎推理的行动流程。

第四节　就地取材，转化成果

转化萃取成果的步骤一般包括材料的收集、筛选、分析和转化。

材料的收集　01
材料的筛选　02
转化萃取成果
材料的转化　04
材料的分析　03

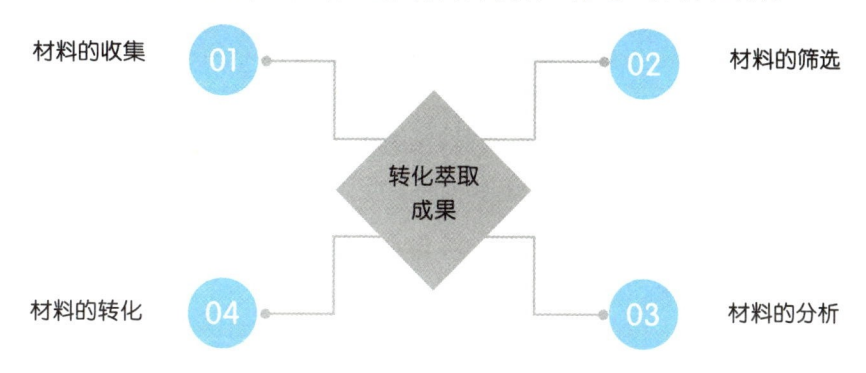

图 6-6　转化萃取成果的步骤

一、材料的收集

萃取前做好材料收集可以帮助内训师更好地了解被萃取者和所采访的话题，提出更深入和有针对性的问题，获取更全面、准确的资讯。通过对相关文献、资料和社交媒体的分析，可以帮助内训师了解市场和行业情况以及被萃取者的背景和立场，从而更好地组织萃取内容和引导对话，提高采访效果和质量。同时，咨询专家也能够帮助内训师了解行业动态和趋势，获取专业的建议和指导，更好地进行萃取和传播。因此，做好材料的收集对于萃取的成功至关重要。

那么内训师在萃取前收集到的材料应包含哪些类型呢？针对不同的萃取领域，内训师收集到的材料也是不同的，但主要包含以下几类：战略部署材料、单位会议材料、相关通知发文、任务布置材料、相关课程课件、活动计划材料、工作汇报材料、活动过程素材等。只有做好前期的材料收集工作，才能更好地应用材料、分析材料、用材料辅助我们萃取出更高质量的成果。

二、材料的筛选

开展萃取活动前，做资料的筛选是确保内训师对萃取活动有足够的了解和准备，让访谈过程变得更有针对性、更加深入和有价值。内训师可以根据萃取的主题和目的，筛选出与之相关和有参考价值的材料，减少冗余和无关信息的干扰。

材料的筛选应该遵循以下原则：

（一）时效性

即判断收集来的材料是否是当下最新、最热的，进而剔除一些老旧、过时的材料，以确定它们是否仍然具有参考价值和可信度。内训师在筛选材料时，最好是挑选与话题相关的材料，以及展现行业亮点的相关材料，这有助于让萃取结果更深入，且更具可行性。

（二）典型性

即判断收集来的材料是否能高频成功或者能反映典型问题。对于某一话题，应该收集多样化、有代表性的材料，以便尽可能全面地掌握该话题的各方面信息。

（三）实用性

即判断收集来的材料是否经过多次验证且有成果。收集的材料应该具有实用性，能够对整个行业或某一领域产生积极的推动作用，从而提高萃取活动的质量和效果。

（四）普适性

即判断收集来的材料是否为普遍的做法。在选择材料时，应该考虑材料来源的权威性、准确性和可靠性，并且要避免选择不可靠的材料，以免影响萃取的质量和准确性。

三、材料的分析

材料的分析是指对收集到的材料进行系统性分析和整合，以识别其中的关键信息和未曾发现的重要信息。内训师对组织好的材料进行分析和比较，便可以发现其中的规律和趋势，从而形成有深度和有启发性的见解。在分析材料时，可以采用以下几种方法：

（一）背景或条件分析

背景或条件分析，是指对收集到的材料背景和条件进行评估和分析，以确定其对采访的影响和意义。在评估材料的背景和条件时，可以考虑评估材料的来源，包括文献、报告、社交媒体等，以确定其可信度和代表性；评估材料的对象，包括受访者、话题等，以确定材料对于萃取活动的重要性和参考价值；评估材料的发展方向，包括行业、市场、政策等，以确定其对于萃取活动的影响和意义。

（二）逻辑对比

材料的逻辑对比是指对不同文献和资料中的观点、数据和结论进行比较和分析，以判断它们之间的逻辑关系和一致性。在进行材料的逻辑对比时，可以采用并列对比法，即将不同的观点、数据和结论进行并列比较，以确定它们之间的相同点和差异点；采用逐步拓展法，即从一个基准观点出发，逐步扩展到其他观点，以发现它们的逻辑关系和一致性；采用等级分类法，即根据不同的可信度和权威性，将观点、数据和结论进行等级分类，以确定它们之间的逻辑关系和一致性。通过对收集到的不同材料进行逻辑对比分析，内训师可以判断它们之间的逻辑关系和一致性，更好地确定采访的方向和重点，提高采访的效果和质量。通过对收集到的材料和条件进行评估分析，内训师可以深入地了解材料的价值和意义，更好地准备和组织访谈。

（三）差异对比

材料的差异对比是指对不同材料之间的差异进行比较和分析，以发现它们之间的异同点和联系，从而深化对话题的理解和探究。在进行材料的差异对比时，可以考虑材料的信息内容，比较不同材料中展现的信息内容，包括数据、观点、结论等，以确定它们之间的异同点和原因；比较不同材料的信息目的和意图，以确定它们之间的差异和是否存在潜在的偏见和利益驱动等因素。

四、材料的转化

材料转化的重要性是指将收集到的材料转化为有价值的信息，以指导采访的方向和内容，提高采访的效果和质量。内训师将分析好的信息应用到萃取过程中，引导访谈的方向，形成有针对性和深入性的萃取问询。在进行材料的转化时，可以考虑以下几个方面：

（一）全文借鉴

材料的全文借鉴是指在萃取过程中，对已经存在的材料进行全文借鉴和参考，以获得更多的信息和灵感，指导萃取的方向和内容。内训师在进行材料的全文借鉴时，首先，需要先熟悉主题和内容，确定其与萃取的主题和目的有关；其次，要选择可靠和有代表性的资料进行借鉴，避免出现差错；再次，在借鉴过程中，需要做好笔记记录，准确记录下借鉴的材料信息和引用出处；最后，在萃取过程中，需要合理使用借鉴的材料，避免简单复制粘贴，并通过对借鉴材料的结合和分析，形成新的见解。通过全文借鉴参考材料的方式，内训师可以在萃取过程中快速获得更多的信息，指导萃取的方向，提高萃取的质量。但需要注意合理使用和引用，避免出现抄袭和侵权等问题。

（二）思路转化

材料的思路转化是指在对材料进行筛选和阅读后，将其中一些关键点和信息进行提取和转换，变为自己可以理解和运用的思路和概念。内训师在进行材料的转化时，需要遵循一定的程序。

首先，阅读材料时，需要将其中与萃取主题相关的信息和思路进行精准筛选，避免浪费时间和精力。

其次，在进行转换概念时，内训师应当将材料中的概念和思路进行转换和提取，变为自己可以理解和运用的概念和思路，方便对萃取内容进行解释和探讨。

再次，内训师需要对材料中的思路和概念进行分析和对比，思考它们与自己已有的知识和经验的异同点，并将其融合进自己的思考中。

最后，内训师要能将已转化的思路和概念应用到萃取中，指导自己的提问和探讨，从而得到更有深度和广度的萃取内容。

通过材料的思路转化，内训师可以更好地理解和运用材料中的信息和思路，提高萃取的质量和深度。在转化资料之前，要注意避免抄袭和侵权等问题，并对使用材料注明出处。

（三）方法套用

材料的方法套用是指在萃取过程中，将已有的萃取方法应用到材料中，通过借鉴和参考，提高萃取的效果和质量。内训师在进行材料的方法套用时，对自身的专业能力具有严格要求。

第一，内训师在进行方法套用之前，需要熟悉其原理和应用，确定其适用性和可行性。

第二，内训师要能够根据萃取的主题和目的，选择合适的方法进行借鉴和套用，避免不适用的情况出现。

第三，在较为严谨和规范的萃取方法和材料之间，内训师需要结合实际情况灵活应用，以达到更好的效果和效益。

第四，在萃取过程中，内训师借鉴和参考多种萃取方法，并将其结合使用，以获得更多的信息和思路，提高萃取的质量和效率。

通过材料的方法套用，内训师可以将已有的萃取方法灵活应用到材料中，获得更多的信息和思路，指导萃取方向。

（四）要素应用

材料的要素应用是指在萃取过程中，运用材料中的相关要素，以确保萃取的顺利进行和有效性。内训师在进行材料要素的应用时，要有相对固定的程序。

第一步，内训师需要熟悉材料要素。在萃取过程中，需要熟悉材料中的相关要素，如萃取对象的背景资料、萃取主题的重点和难点、萃取方式和策略等，以便在萃取过程中有效运用。

第二步，内训师需要确定萃取方向和策略。根据材料中的相关要素，确定萃取的方向和策略，如萃取问题的设计和排列、萃取时的沟通技巧和措辞、萃取的时间和地点等，以确保萃取的顺利进行和有效性。

第三步，内训师需要统筹安排萃取流程。在萃取过程中，需要统筹安排萃取流程，根据材料的要素确定萃取的时间、地点、参与者等，避免出现中途改变和混乱等情况，保证萃取的顺利开展。

第四步，内训师需要注意信息整合和分析。在萃取过程中，需要注意信息整合和分析，将萃取得到的信息整合分析，得出结论和建议，为后续工作提供参考和支持。

通过材料的要素应用，内训师可以在萃取过程中根据材料的相关要素进行切实有效的运用，实现萃取的目的和效果。同时，需要注重细节和规范，避免出现信息失实或不准确的情况。

第七章

轻萃取的成果输出

　　轻萃取成果的展示，一靠题目包装，二靠内容包装。好标题最能传神地表达主题思想，也最能吸引他人的眼球。成果标题的包装遵循三大套路：数字大法、俗语谐音法、英语单词法。内容要点包装有四种套路：要字诀、连字诀、重字诀、数字诀。

第一节　标新立异，三大套路快速吸引注意

俗话说，题好一半文。好文章要有神，好标题要传神。在萃取成果的展示中，好标题最能传神地表达主题思想，也最能吸引他人的眼球。好标题必定是内在美与外在美的统一，内在美是智慧美、思想美，外在美是语言美、形式美。因此，萃取成果的标题要有凝聚力，一个醒目、新颖的标题也更能吸引人去学习。

有吸引力的标题对于萃取成果的展示是非常重要的，因为它是吸引相关行业工作者注意力的第一印象，也可以决定一个行业专家的萃取经验是否会被点击或学习。如果标题无法吸引其他人，即使内容再好也不会有任何意义。一个好的标题应该能够明确表达萃取成果的主题，并具有趣味性和吸引力，使他人愿意花时间学习并深入了解它，从而提高萃取成果的影响力和感染力。

一、数字大法，让标题更具体

数字式标题是指在标题中，将数字与文字结合起来，用具体的数字概括萃取成果的主题或内容。数字式标题通常包括数字、百分比、日期和数量等具体的数字，例如"10个最佳旅游目的地"或"从0到100学会做菜"。

数字式文章标题可以将一些模糊化的概念变得具体且精准，增加萃取经验的说服力，是吸引学习者注意力和提供具体信息方面非常有用的一个工具。

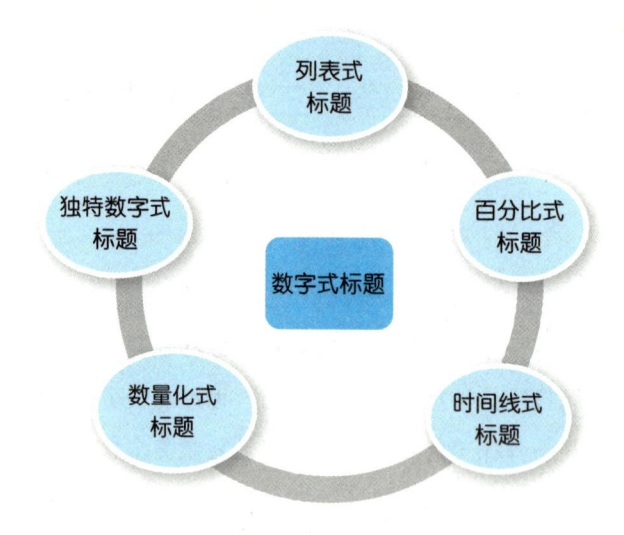

图 7-1 数字式标题示意

（一）列表式标题

列表式标题是指在萃取成果的展示上，采用数字来列举相关内容的标题。这种标题形式常常用于列举某一类事物或主题的具体数量，例如，"店面销售的三战五式""20 种人才管理技巧""萃取轻功五步"，等等。列表式标题通常比较直观和易于理解，可以更清楚地表明文章的主题和内容。此外，这种标题也比较容易被搜索引擎识别和收录，从而增强学习者的记忆，提高影响力。在撰写列表式标题时，可以根据具体的主题和内容进行调整和优化。

一般来说，列表式标题需要清晰明了地列出主题下的各个相关内容，以便读者和学习者能够快速了解主题内容的全貌。对于内训师来说，首先，需要明确萃取的主题和涵盖范围，列出相关内容清单，确保列出的内容都是与主题相关的，不要漏掉重要内容。其次，列表中的各项内容要与主题相关，并且要求相对均衡，不能出现明显不对等的情况。再次，所取的标题应该能突出重点和关键词汇。在列表中，可以使用粗体或加粗方式突出显示重点和关键词汇，以便读者快速了解主题内容的重点与关键信息。最后，标题要求文字简洁明了，突出核心内容，不做过多赘述，直截了当，最好能一眼看出主题内容的全貌。

（二）百分比式标题

百分比式标题是指在萃取成果的展示上，采用百分比数字来描述某一特定情况或内容的标题。这种标题形式常常用于描述某一调查或研究中的数据，例如，"超95%的汽车销冠选择这样跟单""75%的企业家认为互联网创业很简单""5年内部门员工人均收入增长了20%"，等等。百分比数字能够直观地表现数据增加或降低，增强萃取文章的可信度和说服力。在撰写百分比式标题时，需要确保数据来源准确无误，避免使用过时数据。

内训师在取百分比式标题时，需要明确文章主题和具体的数据信息。首先，内训师需要搜集和分析与萃取主题相关的各类数据，确定要使用的具体数据和指标，保证数据的准确性和可信度。其次，内训师可以通过对比不同时间段或不同地区的数据，突出数据的变化趋势，帮助后来的学习者更好地了解数据的变化和趋势。再次，标题尽量简短，突出核心信息，避免使用太过夸张或过度渲染的词语，保持客观和准确。最后，内训师取的标题需要与文章内容相符，不要因为标题吸引眼球而与实际内容不符，出现虚报行为。

（三）时间线式标题

时间线式标题是指在萃取成果的展示上，采用以时间为主线，记录历史或描述事件的标题。这种标题形式通常用于描述某一历史事件、发展趋势或重大转折点等内容，例如，"从2018年到2020年的宁波市移动公司客户投诉率变化""10年间天信养老院建设经验介绍"等。时间线式标题可以直观地展现时间轴上的重要节点，让学习者及阅读者能够更好地理解事件的发展历程和背景，明确研究的主题背景。在撰写时间线式标题时，需要选取合适的时间节点和关键事件，以及对事件的影响和意义进行深入分析。

内训师在撰写时间线式标题时，需要明确萃取主题和与之相关的关键事件，并选取合适的时间节点和事件描述。关键事件应该是历史上比较重要或具有代表性的事件，能够代表整个时间段的发展趋势和变化。为了让学习者更好地理解，时间节点应该具有一定的连续性和逻辑性，让学习者能够清楚地了解事件的发展历程和背景。同时，在撰写时间线式标题时，还要注意精简和准确，避免标题太长而导致阅读难度加大。

（四）数量化式标题

数量化式标题是指在萃取成果的展示上，使用具体数字来描述某一类事物或内容的标题。这种标题形式常常用于介绍产品、服务、技巧等方面的具体数量信息，例如，"一招制胜投诉人""10个高效获取保险销售培训资源的方法"，等等。数量化式标题能够直接表达具体信息和数量，让读者更好地了解和掌握相关内容。在撰写数量化式标题时，需要确保数据准确性和全面性，避免因为数据不准或过时而影响萃取成果的质量降低。

内训师在撰写数量化式标题时，需要重点关注两点。一方面，需要确定标题的数量化方式。数量化式标题可以使用数字、比例、百分比等方式进行标识，内训师可以根据需要确定标题采用哪种方式。另一方面，标题需要突出重点和关键词汇。在数量化式标题中，可以使用成语、俗语等突出显示重点和关键词汇，既能吸引读者和学习者的兴趣，又能方便他人快速了解萃取主题内容的重点与关键信息。

（五）独特数字式标题

独特数字式标题是指具有创造性和独特风格的数字标题。它们使用非常规数字、添加符号或文字说明、运用比较和对比等方式，以增加标题的表现力和吸引力。同时，它们简洁明了，能够用尽量少的词语表达清晰明了的信息。

一般来说，内训师根据萃取主题创造独特式标题有以下几种形式：一是使用非常规数字，如使用罗马数字、计数器式数字、图形化数字等非常规数字表达方式，如"新媒体下 3.14159 万次点击率的秘密"。二是使用符号或文字说明，如"数据分析师逻辑思维能力 +200%"，以增加标题的信息量和表现力。三是使用数字进行比较和对比可以增加标题的表现力和吸引力，如"银行柜员三天完成的任务量超过三个月的总任务量"。

但是，在萃取标题中加入的数字，应是符合实际的，既能吸引到他人的目光，又能让学习者轻松消化。如内训师根据企业管理者的访谈结果，萃取出"高效能人士的七个工作习惯"的标题，他人相对来说会比较容易接受。但如果内训师取一个"高效能人士的 77 个工作习惯"的标题，反而会适得其反，不仅不会吸引更多的人学习参观，反而会让人觉得压力倍增，因为这个数字太大了，对于一个学习者来说单纯阅读完这篇文章就会很累。

二、俗语谐音法，让标题更有趣

俗语谐音式标题是指在标题中，将俗语、谐音词与标题文字结合起来，用具体的俗语或谐音词概括萃取成果的主题或内容。俗语谐音做标题的好处是可以增加标题的幽默和创意性，吸引读者的眼球，如"'练拳 10 年'，才能成'神枪手'""营销的天龙八步"等。不过需要注意的是，这种标题要避免使用过于牵强的谐音，以免影响萃取效果。

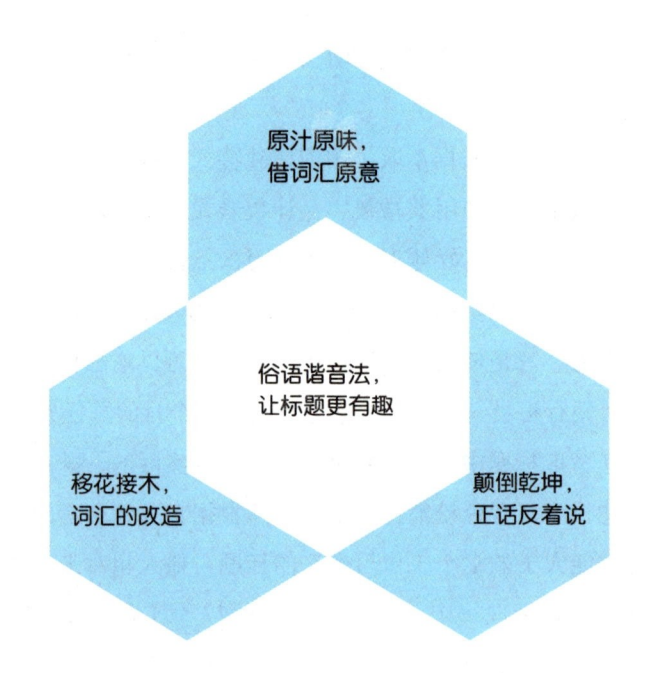

图 7-2　俗语谐音法介绍

（一）原汁原味，借词汇原意

在萃取标题中嵌入一个或多个成语、俗语，使用其表层意思，不使用额外的衍生意思，既能让人一目了然知其意，又有利于使标题更具有表现力、吸引力和深度。

例如，"善始善终，如何跨越职场奋斗的难关""千锤百炼才成钢，揭秘金融行业精英的成长之路""因地制宜实施员工福利制度"均是采用原汁原味的俗语做标题。这种标题既利用明确含义，又能够直接看出与萃取内容的相关联系，为读者及学习者展示出深度和重要性。不过需要注意，使用成语原本的意思时要确保和文章内容相关，且要确保成语、俗语用得正确无误，以免让他人产生误解。

（二）颠倒乾坤，正话反着说

在萃取标题中嵌入一个或多个成语、俗语，使用其原本含义的反面意思来作为标题，即成语原本是褒义词汇，在标题中用作贬义，如在《莫用"自知之明"自我设限》中，"自知之明"原本的意思是指某个人对自己和自身处境有明确的认知，但在这里因为加上了引号，又对应后面的自我设限场景，那么这里的"自知之明"就变成了是在批评年轻人贬低自我、自我放弃的悲观人生态度，是对年轻人不思进取、不求努力进步、不愿走出舒适圈的人生观和价值观的不赞同。内训师在标题中采用正话反说或反话正说的方式撰写标题，既可以引人注目，吸引他人点击学习，又可以提高萃取经验的记忆度和留存度。

看这样一个案例。受国外奶粉质检冲击，W集团旗下经销商王强抓住机遇，在各大互联网平台推销自己家的奶粉，并开直播对外展示工厂生产情况，通过王强的一系列操作，使得W集团的奶粉在国内销量倍增。王强经常深夜还接到客户增加的订单或催促增加库存的电话，平时也忙得连吃饭的时间都没有。

内训师龚老师在萃取王强的案例时，拟出两个标题，分别为《奶粉经销商的新"烦恼"》和《奶粉经销商灵活营销开拓市场》，最终第一个标题被被萃取者一眼相中。不可否认，前者标题《奶粉经销商的新"烦恼"》确实要比《奶粉经销商灵活营销开拓市场》好得多，通过"烦恼"字面上贬、本意上褒的表现方式，一看就知道这里面是有故事的，能让人深入了解的，比后者标题更有趣味性和幽默感。因此，像这种正话反说、反话正说的标颤，虽然有时对读者造成短暂误导，但读者反应过来后，常报以会心一笑，从而达到意想不到的效果。

（三）**移花接木，词汇的改造**

在撰写萃取标题时，内训师使用谐音，或是异字等形式，对所要使用的成语或俗语进行简单的改造，或用其形，或用其意，往往也能产生意想不到的效果。内训师灵活运用谐音、异字等方法拟写标题，可以在某些情况下给萃取到的内容增加标题的趣味性和记忆度，有时甚至能起到画龙点睛的作用。

如在萃取某人事经理处理员工突发事件的处理经验时，拟写了《与HR面对面，"宁"距离沟通》的标题。虽然乍一看，会让人猜测是不是打错字了，但深入了解后才知道，是截取了该公司名字中的一个"宁"字。好的谐音字词，确实能起到锦上添花的作用，让人看到就不由自主地赞叹，如《营销的天龙八步》，一眼便知讲的是营销策略上的八种方法；《电销废话少，才能少话费》，一听便知强调的是电话客服销售人员在与客户沟通过程中，话语要精简扼要。

三、英语单词法，让标题 So Easy

撰写英语单词法标题，是指在萃取标题中，将英语单词与标题文字结合起来，用具体的英文单词修饰或概括萃取成果的主题或内容。用英语单词做标题的好处是可以在一定程度上增加萃取成果的专业性，因为英语单词往往在中文语境下有独特的含义和效果。但需要译名使用准确、简洁易懂，不能过度使用生僻词和专业术语，避免让他人产生阅读障碍或学习障碍。

如何用英语单词法拟定一个标题呢？在这里介绍一个有用的工具：STAR法则。何谓STAR法则？S代表Situation，即拟定标题时考虑标题的情景是怎么样的；T代表Task，即拟定标题时涵盖标题下讲述的内容所赋予的主题任务是什么；A代表Action，即拟定标题时思考萃取主题下被萃取者的行为是什么，被萃取者是如何做事的；R代表Result，即拟定标题时考虑萃取出来的结果如何，萃取的项目产生了什么样的效用。依据STAR法则，英语单词法的题目拟定一般适用于存在并列关系、空间顺序的萃取故事，内训师在为萃取项目选择英语单词法拟定题目时，应依据萃取的主题选择合适的英语释义。

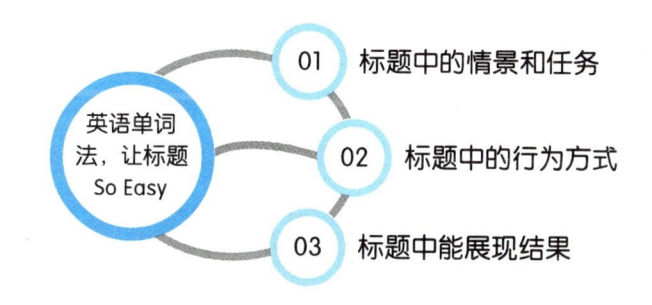

图 7-3　英语单词法介绍

（一）标题中的情景和任务

通过在拟定的标题里加入英文单词的情境和任务含义，可以让他人更清楚地了解萃取主题的内容和价值，增加阅读和学习的相关性和吸引力。例如，标题"Lenove 不只是联想""OPPO Find，发现线下手机营销技巧"等，可以让学习者更愿意阅读和分享学到的萃取经验。这种方法需要考虑萃取经验面向者的需求，定位清晰的目标人群，从而增加萃取成果的转化率和效果。

（二）标题中的行为方式

通过在拟定标题里加入英文单词的行为含义，可以让其他学习者更清楚地了解萃取主题的目的和价值，形成对应的期望和行为反应。要将行为方式加入标题中，可以结合一些关键字和短语来表达，例如"家具展销中如何运用 3W2H 法则"。还可以使用一些生动形象的表述来加强情景的呈现，让其他学习者更容易理解萃取成果的主题和意义。此外，还可以适当地运用修饰词和形容词来增加标题的魅力和吸引力，但不要过度使用，以免破坏标题的清晰性和准确性。总之，行为含义的标题需要突出实用性和可执行性，让行业学习者能够更进一步感觉到学习该萃取经验是有收获的。

（三）标题中能展现结果

通过在标题下加入结果含义，可以让他人更清楚地了解萃取主题的作用和效果。例如，"让您瘦身5kg的科学饮食计划"等，这样的标题能够明确告诉行业学习者掌握该萃取经验的结果和意义，增加学习的目的感和成就感。这种方法需要考虑到实际效果和可行性，避免让行业学习者感到望而生畏或期望过高。

第二节　点石成金，会包装的内容更容易被看到

一、口诀串联，记忆犹新

装修工人雷明已有 20 多年的从业经验，他装修的房子返工率年年都是最低的，客户满意度也是最高的，每年客单成交量居高不下。装修公司很期待他能将宝贵经验传授给更多的人使用，以提高公司的声誉，平时公司也会邀请雷明给其他装修工人开展技能培训或是带新人。但当新员工表示学的东西太杂太多、不能很好消化时，雷明也表示束手无策。但后来，经过内训师王艳与雷明深入的交流后，帮助雷明萃取出了一套装修口诀，涉及水电安装、瓷砖配色、客户服务等多个方面。雷明在后期的培训活动中，借助口诀介绍自己的装修经验，获得了同业学习者们的一致认可，其口诀也在装修行业流传广泛。

由上述案例可看出，口诀化的萃取内容更容易被萃取者在实践中广泛传播，因为它能够将复杂、单调的内容最大限度地简化、概括，并用形象生动的语言表达出来，让其他学习者们更容易接受和记忆。一般而言，口诀化的内容可以在不同的场合、渠道上被轻松地传播，例如演讲、广告、

宣传等。通过精练、形象、简洁、易懂的口号化表述，可以让他人更好地理解和记忆萃取经验的重点与难点，提高传播的效果和效率，增强萃取成果的影响力。

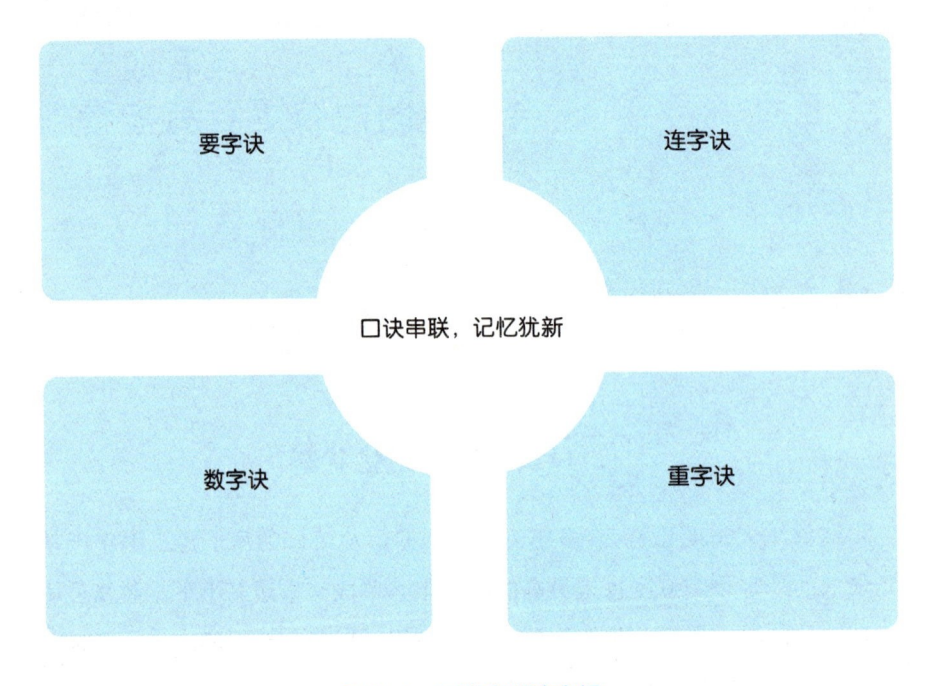

```
┌─────────────┐       ┌─────────────┐
│             │       │             │
│    要字诀    │       │    连字诀    │
│             │       │             │
└─────────────┘       └─────────────┘
          口诀串联，记忆犹新
┌─────────────┐       ┌─────────────┐
│             │       │             │
│    数字诀    │       │    重字诀    │
│             │       │             │
└─────────────┘       └─────────────┘
```

图 7-4　口诀串联法介绍

（一）要字诀

要字诀是指内训师将萃取的内容整理归纳，提炼一个单字，这个单字基本上都是以动词为主。用单字提炼，用动词表示。要字诀中的动词可以很好地概括和传递行动的意义和重要性，比如，"行动、实践、奋斗"等动词可以概括出一个积极向上的口号，"勇攀高峰，守护真正的自我"等也可以用动词来强调主题和行动意义。

要字诀强调一个"要"字，可以很明确地告诉学习者这个萃取成果要我们怎么去做。要字诀的关键要点在于，通过萃取的内容应该告诉他人具体的方法和步骤，让他们能够用实际行动来实现目标或解决问题。比如，如果萃取的主题在于讲解如何提高工作效率，那么萃取的内容应该包含一些具体的方法和建议，例如"高速执行任务""附做连带任务""率先抓取关键信息"，将其归纳为"高""附""率"的谐音口诀，能够更好地引导学习者去记忆，从而达成实际行动。同时，这种方法和步骤也要能够落地实施，并能够帮助人们解决实际问题，这样才能真正提高萃取经验成果的实用性和价值。

具体实例，如授课风格的要字诀介绍：

"讲"：授课方法；

"范"：示范案例；

"练"：学员练习；

"评"：辅导点评；

"改"：完善修改。

（二）连字诀

连字诀是指内训师将萃取的内容整理归纳，将要做的动作或行为串联起来，编排成口诀的形式进行传播。将行为方式排列成口诀有助于学习者更好地掌握和应用这些行为，因为口诀可以让复杂的内容变得更易于理解和记忆。口诀化的内容可以在不同的场合、渠道上被轻松地传播，例如演讲、广告、宣传等。通过萃取关键词，将一系列行为排列成口诀，能够更快速地把这些行为变成实际的行动，并有助于提高记忆效果。同时，排列行为方式作为口诀，所传达的信息也更加简洁明了，让人们更容易接受和记忆。

比如，如果要传达如何保持健康的生活方式，可以将"早睡早起、坚持锻炼、饮食均衡、保持心情愉悦"等行为排列成口诀，例如"健康不止一条路，早睡早起坚持走，运动有度饮食好，心情愉悦才健康"。这样的排列方式能够让学习者更快速地把这些行为变成实际的行动，并有助于提高记忆效果。但是要注意，行为的排序应该是有逻辑和顺序的，并要确保每一个行为都是正确、可靠的。

具体实例，如地铁礼仪的连字诀介绍：

"莫"：莫挡道；

"敢"：敢让座；

"不"：不拥挤；

"从"：从速走。

（三）重字诀

重字诀的"重"是指重点，内训师将萃取出来的经验挑选出重点，数出有多少个重点内容，编织成便于记忆的口诀。口诀可以是有趣、幽默、易于理解的，也可以是简洁明了、有逻辑的。关键是要让口诀包含准确、可靠的信息，并且让他人更容易接受和应用。例如，将"早睡早起、坚持锻炼、饮食均衡、保持心情愉悦"分别用数字"1、2、3、4"表示，然后组合成一个数字串"1234"，再用口头语将其转变为口诀"健康不止一条路，1234跟着走"。这样的口诀可以让学习者更加容易记忆和应用这些行为。

内训师掌握编制重字诀的程序和方法，是对萃取内容进行升级的必备技能。首先，内训师要能够将想要传达的重点萃取内容中的关键词提炼出来，并挑选出能够形成一个有意义的、易于理解的、简洁明了的短语或句子。其次，内训师要能够将提炼出来的关键词按照一定的逻辑顺序排列，并整合成一个完整的口诀。最后，内训师要不断地通过反复练习来记忆和熟练口诀，确保口诀是朗朗上口、便于记忆与理解，且不违背客观主题的。

具体实例，如"六大有"的重字诀：

有啥步骤；

有啥目标；

有啥要点；

有啥工具；

有啥情景；

有啥对策。

（四）数字诀

数字诀是一种将数字与关键词或概念联系起来，构成有意义的短语或句子的口诀记忆方法，可以用来帮助记忆各种不同的内容。

数字诀分有序和无序两种状态。有序是指内训师遵循数字由小到大或由大到小的规律，在萃取内容中将要点按顺序排列。如"一来人、二迎客、三询问、四服务、五结账"口诀化的内容提炼。有序的数字内容本身就有一定的逻辑关系，因此内训师可以直接将数字排列成一个逻辑顺序，并利用这个顺序来构建有意义的口诀。

具体实例，如碎片化学习的步骤可总结为：

"一盘点"：选商标、选申请人、选项目；

"二分类"：必要查询；

"三匹配"：保护自己；

"四下载"：下载学习软件；

"五听书"：听书方式学习。

无序是指内训师在萃取内容中将要点按无固定规律的形式进行排列组合，进而提炼内容要点。如果要将无序的数字内容编成口诀，可以先将数字内容分类、整理，然后萃取出其中的关键词，利用这些关键词来构建有意义的短语或句子。

具体实例，如商标注册流程按无序的步骤可总结为：

"三选"：选商标、选申请人、选项目；

"一查"：必要查询；

"一护"：保护自己。

二、成果展示，实操演练

（一）案例一：《门店数据表分析应用》萃取过程

1. 萃取记录

内训师获得的萃取记录一般是杂乱无序的，因此内训师在访谈结束后，应及时整理相关萃取记录，以防信息遗忘或关键点丢失。萃取记录是提炼萃取经验的重要文件，也是验证萃取信息的关键工具，内训师应该妥善管理并保存，针对源文件不可随意修改。

2. 提问分析

内训师应借助萃取工具，对萃取记录中的提问方式进行归类汇总，从对步骤的提问、对目标的提问、对要点的提问、对工具的提问、对情景的提问五个方面开展分析，以便了解整个萃取过程中涉及的要点内容。

表7-1 《门店数据表分析应用》的提问方式分析

项目	提问内容
步骤	请问，当门店销售量表送到您手里后，您会看哪些信息呢？ 什么样的数据会被称为异常数据呢？
目标	您的意思是说，看它对产品与对应专柜下辖成员的业绩量吗？
要点	什么样的数据会被称为异常数据呢？ 为什么您会更关注2呢？ 因为要考虑数据的真实性您就要把它排除，对吗？
工具	针对各种情况，您会采用哪些工具呢？

续表

项目	提问内容
情景	那是不是说，综合表上的产品结构和人员业绩，把我们的员工分成几个类别，第一个类别是业绩都比较优秀的，是您相对不用太多关注的，像这里，有很多业绩优秀的员工，体现在他的工资和各项类别的指标都比较不错；第二个类别是属于总收入还不错，但在个别指标上是有些短板的？对，第三个类别是说整体情况都很差，您想表达的是这个意思吗？
对策	那如果所有的数值完成得都比较差的人员，您又会去关注哪些点？ 那我另外再问一下，表现都很差的这种员工，您一般会采取什么方式呢？谈话，还是什么？ 那通常这样的三种情况，我们有什么应对的方法呢？ 最近的互补搭售率比较低，怎么去解决呢？

（1）询问具体定义。

什么样的数据会被称为异常数据呢？

（2）询问成功事例。

为什么您会更关注2呢？

（3）从结论的反向提问。

如果所有的数值完成得都比较差的人员，您又会去关注哪些点？

（4）避免使用引导性问题。

当门店销售量表到您手里，您会看哪些信息呢？

（5）避免使用一般性问题。

表现都很差的这种员工，您一般会采取什么方式呢？谈话，还是什么？

还有像第二类的陈杰文是属于单项短板特别明显的一类，您会针对这个单项短板去进行分析和沟通吗？

3. 回应分析

在萃取过程中，内训师除了运用必要的提问方式，还要对被萃取者的话作出积极的响应，以下表格右侧标红的内容对应的均为表格左侧内训师在萃取过程中的使用到的言语回应技巧。

表7-2 《门店数据表分析应用》的回应方式分析

项目	提问内容
认可	对，第三个类别就是他总体都很差。 对，您这里一直在强调，看这个表，要排除休假这样的异常情况。 明白，优秀的会了解下之所以业绩能上升，有没有比较好的话术，销售技巧上有没有需要注意的。 嗯，明白了，您跟我说的这些东西就是后面所有的整体内容，您看您讲的过程非常有条理。
重复	所以总体而言，首先是我们卖的东西，这里面包含了商品和服务，是这样的一个概念对吗？然后再加上员工的绩效数据，就是卖的情况。您现在举的例子实际上就是人的部分是不是？ 我能不能这样理解。如果所有的数值都完成得比较差的人员，您去关注的点就不是这个了？ 那是不是，综合表上的产品结构和人员业绩，把我们的员工分成几大类别，第一大类别是业绩都比较优秀的，是您相对不用太多关注的，像这里，有很多业绩优秀的，优秀的体现在他的工资和各项类别的指标比较不错的；第二大类是属于他总收入还不错，但在个别指标上是有些短板的？

续表

项目	提问内容
总结	哦，就是资源置换，我明白您的意思。 对，其实您说的这三个，在原理上都是同一个原理，就是要关注他们的利益。
启发	嗯，明白了，您跟我说的这些东西就是后面所有的整体内容，您看您讲的过程非常有条理。这就是整个要呈现萃取出来的，第一部分通过这样的数据（这个数据我建议表头加上这是一个什么样的表），应该在表的下面做一些备注。首先看，我们是要看什么东西，我们是分成哪几个类别的员工来看，每个类别的员工应该是怎么去应对的，您所说的萃取就真的是要萃取到这种程度。您讲的这种东西对于要给从来没做过的，可能今天上来就是要做这个工作的，我能一目了然，我就知道了，这就是将业务完成的整个数据和收入结合在一起去考虑了。

4. 关键提炼：标识

如何从一大堆萃取记录中，高效找出有用的信息，是内训师应熟练掌握的必要技能之一。首先，内训师应该找出什么是内训师提问的相关信息。其次，找出被萃取者作出的相关回答内容。最后，我们关注的重点在于被萃取者的回答，内训师针对被萃取者的答案挖取关键点，这个关键点侧重于一些行业内的专有名词、数词、时间状语、地点状语等。

以下标蓝的文本为本次萃取记录中，教授大家如何进行关键信息标识的参考。

内训师：对门店数据进行整理的时候，您通常会整理哪些数据呢？

被萃取者：首先是关注供货量的数据，这是员工最基本的工作。其次是与店员的薪酬水平相关的数据。最后是业务发展量。这三个数据是最重要的。

内训师：所以总体而言，首先是我们卖的东西，这里面包含了商品和服务，是这样的一个概念对吗？然后再加上员工的绩效数据，就是卖的情况。

被萃取者：对。

内训师：请问，当门店销售量表送到您手里后，您会看哪些信息呢？

被萃取者：这张表，是个大门店的表。一家店能做到35人以上的规模是很大的。这张表是销售表，这是主打产品A，这是高价值产品B，中价值产品C，这是专柜的销量，下面是每个人的业绩数量。

内训师：我总结一下，现在看的话是看他的产品类别的组成？

被萃取者：对，产品体系由主打产品、高价值产品、中价值产品构成，通过对应产品的业绩量算出来店的收入。这是汇总。通过这张表我要看销售有没有出了什么问题，主要监测异常数据从而发现问题。比如这个。

内训师：什么样的数据会被称为异常数据呢？

被萃取者：会突然出现波峰或波谷的就是异常数据。举个例子，比如一眼扫过去普遍都是3，就他是2嘛。

内训师：为什么您会更关注2呢？

被萃取者：我先举个例子。我是这么看的，先看横，纵不要看。纵的话我看到的是2，为什么我只看这个2？因为我结合了专柜这个横。结合这个横和这个纵我可能会看到3。2呢我发现这个陈杰文，他的主打产品A销量很低，然后我回头再看，他的总体收入还是不错的。这其实说明什么呢，说明他可能是状态出问题了，当然我也排除了一些特殊情况，比如把休假或者是病假之类的排除掉,是正常上班情况下。其实他的工资水平在团队里算是中等的,但是这个出现异常说明什么呢?是不是产品 A 的相关能力上面出了什么问题?销售能力、销售技巧上面是不是出了什么问题,或者是他的重视程度出了什么问题?大概这几个方面。我会根据这几个方面去找他谈话,去倒推一下是什么原因,在他总体工资水平中低等的情况下,他不应该出现这样的异常。对他来说,这也是他的提升点。工资怎么样,不满意吧,或者是还不够满意吧,这就是他提升的点。他在其他地方还不错甚至还领先的情况下,他在这个地方卖得差,说明了什么?这就是他的增长点。

内训师:我能不能这样理解。如果所有的数值都完成得比较差的人员,您去关注的点就不是这个了?

被萃取者:这个也有,比如说这个叫李 × 的,工资这块他就比别人少了一大堆,我就看横轴的时候看他比别人少了一大堆。那倒推过来看,他这个也很差,这个也很差,这个也很差,说明这个人的整体状态是有问题,也还是正常上班的情况下。

内训师:那是不是说,综合表上的产品结构和人员业绩,把我们的员工分成几个类别,第一个类别是业绩都比较优秀的,是您相对不用太多关注的,像这里,有很多业绩优秀的员工,可以看到他们的工资和各项类别的指标都是比较不错的;第二个类别是属于总收入还不错,但在个别指标上是有些短板的?

被萃取者:对,对他来说是个人提升工资和销量的点,对我来说每个人短板都补齐了之后,整个门店就相当于是上去了。

内训师:对,第三个类别是说整体情况都很差,您想表达的是这个意思吗?

被萃取者:对,他都很差,说明他这个人总体能力出了问题而不是重视度出了问题。不是重视了就可以提升的，因为他能力出了问题，要么就是工作状态出了问题。他不是某一个做得不好，而是所有的都做得不好。还有就是可能他有异常情况出现，比如休假啊。

内训师：对，您这里一直在强调，看这个表，要排除休假这样的异常情况。因为考虑数据的真实性您就要去把它排除，对吗？

被萃取者：不排除也行，可以把它包含进去当作是一种可能性。

内训师：那我明白了。如果都是表现得非常优异的，我们其实是可以不用关注的，对吗？

被萃取者：也不是不用关注，他优秀也要看他为什么优秀，我要从他优秀的地方萃取一些经验去分享给其他人。

内训师：明白，优秀的员工您就会了解下业绩上升的原因，他有没有比较好的话术，销售技巧上有没有需要注意的，对吧？

被萃取者：对，特别是同一个柜台的。比如一号柜台的总体都是在10000元左右，二号柜台3500~5000元的样子，这个因为品牌不同，他们的点不一样。我更多的时候是从品牌内部上，在总体竞争情况、上班时间、货源情况、价格策略一致的情况下，为什么差异性这么大？那好，好在哪边，比如说他高价值产品B这块卖得很好，产品B这里一下比别人多了好几百块钱。他的点就是我的点。

内训师：了解，就是他B产品卖得很好的话，就意味着他这块的经验是可以被萃取出来进行复制的，对吧？

被萃取者：对对，因为在大家一起的时候，几匹马一起跑，总有个先后。我抓住那个跑得靠前的，因为每个人的创新点、能力、灵感是不一样的，通过这种萃取可以把精华取出来，然后复制给其他人。

内训师：那我另外再问一个问题，表现都很差的这种员工，您一般会采取什么方式呢？谈话，还是什么？

被萃取者：分几种情况吧。他呈现的结果很差，但这个人之所以差的过程是不一样的，比如说能力的问题，能力差但没提上去，该提能力提能力；可能是状态出了问题，比如家里有什么变故啊；比如说态度上，不专注于工作啊，是不是情感问题，是不是对工资待遇不够满意，是不是对自己所处的柜台或所处的团队内部不满意。大概分为几种情况，先去谈话，然后跟进。当然也存在极端情况，这个人已经存在离职的心了，很难去挽回了，那就要采取隔离。因为不能让他对其他人产生更多的影响。其实被我放弃的员工很少，绝大部分员工都是可以通过实时的介入、及时的跟进纠偏的，因为工作这么长时间的人，偷奸耍滑就想玩的很少，大部分人是可以通过纠偏改正的。还有种情况，就是您点了他，他很快就变过来的。其实这个也是这张表的一个意义。

内训师：好，还有像第二类的陈杰文是属于单项短板特别明显的一类，您会针对这个单项短板去进行分析和沟通吗？是这个意思吗？我想问下，这种原因，除了技能缺乏外，是否还会有其他原因？

被萃取者：有啊，可能他能力没问题，但是他就是对主打的A产品销售不重视。他可能觉得，3000块钱是中等水平了，自己还可以，他没意识到这块他没有重视，另外他们心理上可能有些恐惧吧，或者说心理上的想躲避啊，可能当初他们对主打产品A这块没有信心。这可以通过引导把它引上去，因为这确实出现了比较大的差异。

内训师：最近的互补搭售率比较低，怎么去解决呢？

被萃取者：有几种情况。卖场里如果互补产品的搭售率比较低分成几大类，一种是连锁商国美、苏宁，对量的要求比较多。因为我们产品的加载是做加法。他们产品出去之后，客户有意向了，再给他加载我们的产品，但是推荐产品是有一定的风险或者需要时间的。如果连锁商对于自己的产品数字特别明显，却不在乎您的产品，我这几天就要把自己的销量冲上去，这个时候可能就把我们排在比较后的位置，就是连锁商的产品销量上去了，但是作为互补品的我方产品销量没有跟上去。另外一种是厂家那种，连锁方是甲方，他提供场地搭台子，然后厂家人员花很多钱来落地，我们这边是派人过去销售，但是厂家人员他也有话语权，厂家对于考核也有自己的要求。厂家人员要求的就是出他们的产品，不仅要出产品，他要出高毛利的产品，他逐利。

内训师： 对，就是盈利模式不一样。

被萃取者： 厂家这块也是会出产品的，他们出的产品是公司考核的热门型号、明星产品，这是他们的诉求，这两个诉求跟我们的互补产品B、C其实也不是特别契合，只不过我们认为是可以顺着他们去做的。还有就是我们的政策没有匹配到位，厂家人员卖的时候政策对他们没有特别好的帮助，所以他们就不推了。类似于这种情况，就会导致搭售率偏低一些。

内训师： 那通常这样的三种情况，我们有什么应对的方法呢？比如说我们知道了苏宁和国美最近有大量的冲量任务，所以导致我们最近的互补搭售率比较低，怎么去解决呢？

被萃取者： 这个对我们一线店长来说，很难解决，就需要渠道经理去沟通、去洽谈，比如说跟店长定个达量。最近我跟苏宁谈一个百日攻坚活动，您完成我的指标，我每单多给您多少钱。这种形式对苏宁方，可以给他一个盘子或一部分资金，可以弥补他毛利的诉求。另外就是可以给一线创造更好的条件，也会让他们有更好的开口的空间，这是连锁层面。还有就是厂家层面，厂家层面因为长时间的合作，我们的做法是渠道下一盘大棋，一盘大棋指的是我们有自有店面，自有店面可以出专柜，这样的地方是我们说了算的。

内训师： 哦，就是资源置换，我明白您的意思。

被萃取者：对，资源置换，大连锁这边我相对会弱势一点，但是自有店面这边我是主导，我可以采取一些宣传资源、政策资源进行置换，换取我大连锁的空间。这是厂家层面的做法。一线层面我们可以通过激励调整、政策调整、情感追踪，拉近一线促销人员的距离，从而实现整体的、更好的销售环境。

内训师：对，其实您说的这三点，在原理上都是同一个原理，就是要关注他们的利益。

被萃取者：对，我们现在是想得很透彻的，我们完全把自己放下来，就是我做的每一个决定都是考虑到对方的想法的。

内训师：嗯，明白了，您跟我说的这些东西就是后面所有的整体内容，您看您讲的过程非常有条理，这就是整个要呈现萃取出来的内容，第一部分通过这样的数据（这个数据我建议在表头加上这是一个什么样的表），应该在表的下面做一些备注。首先，我们要看什么东西，我们是分成哪几个类别的员工，每个类别的员工应该怎么去应对，您所说的萃取要到这种程度。您讲的这种东西对于那些从来没做过的员工，一上来做这个工作就能一目了然，就知道了。这就是将业务完成的整个数据和收入结合在一起去考虑了。

5. 关键提炼：归类

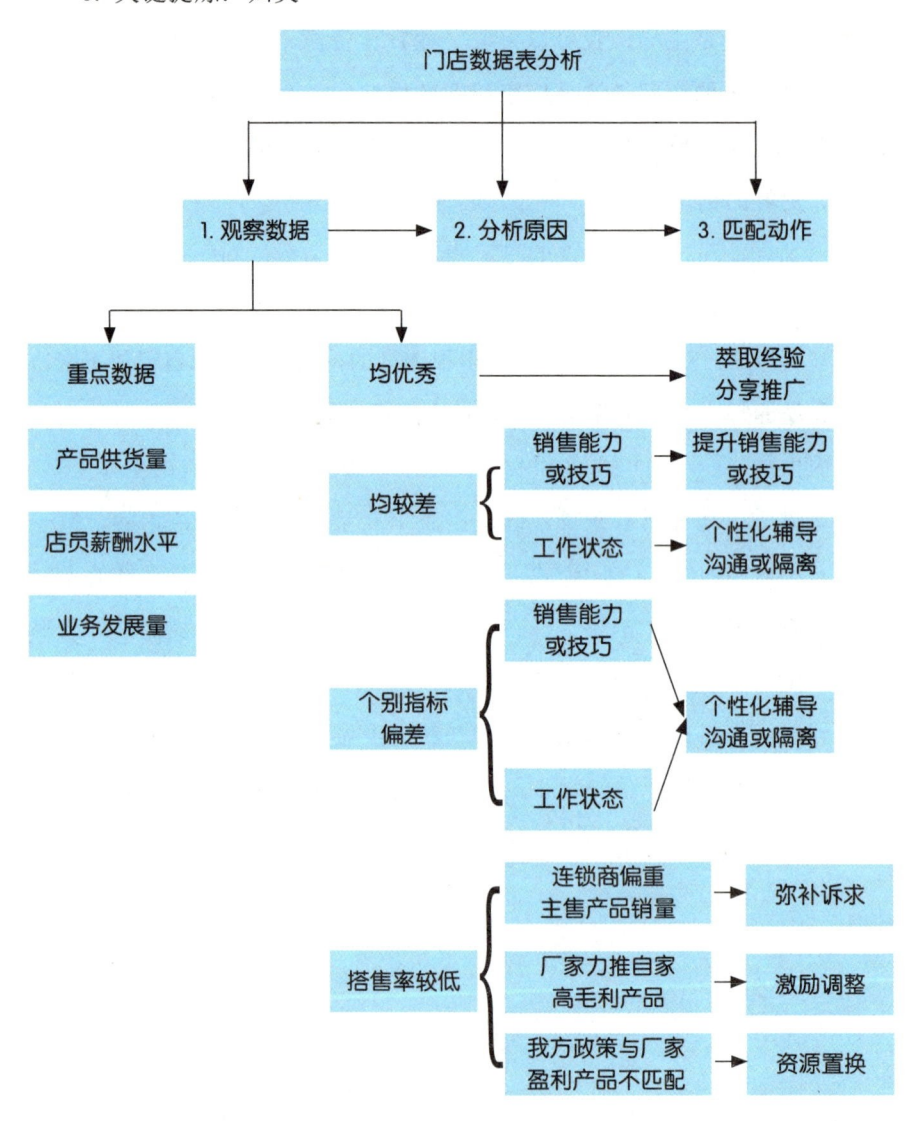

```
                        门店数据表分析
                              │
          ┌───────────────────┼───────────────────┐
          ▼                   ▼                   ▼
      1.观察数据          2.分析原因            3.匹配动作
          │
    ┌─────┴─────┐
    ▼           ▼
重点数据      均优秀  ──────────────→  萃取经验
                                      分享推广
产品供货量
              ┌─ 销售能力  ──→  提升销售能力
              │  或技巧        或技巧
店员薪酬水平  均较差 ⎨
              │  工作状态  ──→  个性化辅导
              └                 沟通或隔离
业务发展量
              ┌─ 销售能力  ──→
              │  或技巧
              个别指标 ⎨              个性化辅导
              偏差   │              沟通或隔离
              └─ 工作状态  ──→

              ┌─ 连锁商偏重  ──→  弥补诉求
              │  主售产品销量
              │
              搭售率较低 ⎨ 厂家力推自家 ──→ 激励调整
              │  高毛利产品
              │
              └─ 我方政策与厂家 ──→ 资源置换
                 盈利产品不匹配
```

图 7-5　门店数据表结构图

6. 关键提炼：成果

表7-3 《门店数据表分析应用》的萃取成果

项目	萃取成果
背景	看数据时，通常供货量数据、店员薪酬水平数据、业务发展量三项数据最重要。数据呈现过程中出现波峰或者波谷即为异常数据，同时为重要关注点。门店因为要更多地借助主打产品A把互补产品B或C销售出去，因此更关注搭售率的问题，搭售率低原因主要包括三类。
挑战	当出现异常数据、搭载率过低等现象时，数据分析方向、应对措施、解决办法便非常重要。
方案	1. 观察数据：通过横向纵向相结合，综合收入与销量，分三类进行分析：所有数值都优秀、都差或个别指标偏差。 2. 匹配动作：针对优秀员工萃取经验分享推广，针对偏差和有明显短板员工需通过销售能力或技巧、重视程度、工作状态、认知偏差、特殊情况等维度，分析偏差原因，结合个人工资提升方向，个性化辅导沟通。 3. 针对搭售率低，可通过分析三种情形下的盈利模式，有针对性地进行资源置换、弥补诉求、激励调整等方式解决。
结果	及时定位问题并匹配动作，早解决早跟进，避免问题升华；提高员工绩效水平，调动员工积极性，提高团队凝聚力；实现渠道销量提升。
总结	可操作性强，素材提取方便快捷，分析维度明确易懂；匹配动作指向明确，有针对性；分类呈现。

一是背景。

看数据时，通常供货量数据、店员薪酬水平数据、业务发展量三项数据最重要。数据呈现过程中出现波峰或者波谷即为异常数据，同时为重要关注点。门店因为要更多地借助主打产品 A 把互补产品 B 或 C 销售出去，因此更关注搭售率的问题，搭售率低原因主要包括三类。

二是挑战。

当出现异常数据、搭载率过低等现象时，数据分析方向、应对措施、解决办法便非常重要。

三是方案。

1. 观察数据：通过横向纵向相结合，综合收入与销量，分三类进行分析：所有数值都优秀、都差或个别指标偏差。

2. 匹配动作：针对优秀员工萃取经验分享推广，针对偏差和有明显短板员工需通过销售能力或技巧、重视程度、工作状态、认知偏差、特殊情况等维度，分析偏差原因，结合个人工资提升方向，个性化辅导沟通。

3. 针对搭售率低，可通过分析三种情形下的盈利模式，有针对性地进行资源置换、弥补诉求、激励调整等方式来解决。

四是结果。

及时定位问题并匹配动作，早解决早跟进，避免问题升华；提高员工绩效水平，调动员工积极性，提高团队凝聚力；实现渠道销量提升。

五是总结。

可操作性强，素材提取方便快捷，分析维度明确易懂；匹配动作指向明确，有针对性；分类呈现。

（二）案例二：《车险销售理应做好的五步服务》萃取过程

1. 萃取主题

《车险销售理应做好的五步服务》。

2. 背景介绍

如果客户在第二年车险临期缴纳时选择不再续保，无疑会使车险销售员前期所做的努力都成为无用功，留不住客户也会给车险销售员的业绩带来一定的影响。作为一名实战经验丰富的车险销售员，林强有多年的业务经验，在内训师的引导下，萃取出来关于车险销售的五步服务法则，帮助行业车险销售工作人员，运用合理有效的方法，锁定客户的消费心理，有效降低客户的车险退保率，为行业内提供了借鉴的方法。

3. 轻萃取成果

案例主体林强：相信各位从事车险销售的伙伴都不可避免地会遇到来年车险临期缴纳时客户犹豫退保的情况。作为一名在这个行业干了多年的老员工，我也曾经很苦恼客户来年车险临期缴纳不续订给我带来的损失。咱们车险销售人员，每一份业绩都是辛辛苦苦打电话、跑长途争取过来的，有时候打100通电话都不一定会有一单成交，而在这些已经敲定的保单中，如果第二年客户选择去别的公司签保单，那么上一年在这个客户身上做出的努力就大打折扣。为了回笼客户，提高客户来年车险续保率，我经过不断地摸索和实践，近三年来成功将我手头的客户续保率维持在75%~86%。当然，大家会不免发出疑问，我留住客户、稳住保单的秘诀是什么？

个人以为，客户选择来年不续订车险保单，究其根本原因，还是在于我们车险销售人员和客户之间的关系没有搞好。特别是有一些车险销售人员，第一年看客户成功签约了，第二年就不管了，这是万万不行的。我们在开发新客户的同时，也要维持好跟老客户的关系。客户相信我们的服务，认可我们的能力，才能不断坚定自己的消费选择，续保率自然也就提高了。那如何让客户始终相信我们公司提供的服务才是最佳的选择呢？我总结成以下五点，并将其命名为"车险销售理应做好的五步服务"法则。

（1）服务第一步：车险产品介绍清楚，让客户心中有数

作为车险销售员，我们要清楚每类车险产品，要知道客户容易在哪些

地方产生误解，在向客户推销的时候 Get 到客户想要了解的点。比如，客户在购置车险前，最想了解的地方可能是：哪些情况下会赔偿、哪些情况不会赔偿、保险使用的时间是多久、优惠力度有多大等问题。

那么如何清晰地介绍保险类的产品呢？我总结有以下几点：

①确定客户需求：首先要向客户了解其保险需求和问题，了解客户的具体需求和目标。

②解释保险种类：介绍自己所销售的保险种类和品牌，包括医疗保险、车辆保险、人身意外保险等。

③说明保险优势：强调每种保险的优势和特点，包括保险的范围、条件、保费和报销比例。

④分解保险条款：对于客户无法理解或难以理解的条款，需要详细解释清楚。

⑤提供细节信息：介绍与保险有关的信息，包括购买保险所需的手续、保险费如何计算以及理赔条款等。

⑥强调合法性：强调所销售保险的合法性和保险公司的信誉度。

⑦推荐保险计划：按照客户需求，推荐特定的保险方案，并与他们一起制定计划和策略。

⑧确认客户意向：最后确认客户是否感兴趣并有意向购买保险。

一开始，不是所有的客户都认可我们提供的车险产品，对于这类客户我的处理方法是：主动出击，对自家产品保持100%的自信。向客户介绍产品时，首先由于我是对产品有深刻了解的，因此向客户介绍也是百分百自信。即使客户对我们的产品提出质疑，作为销售人员，我们也不能逃避客户提出的问题，而要实时地做出解释。实在规避不了的地方，可以依靠其他卖点转移客户的关注度，着重介绍我们的产品的优势，让客户看到购买我们的产品确实是一个不错的选择。同时，清晰的车险介绍，也能让客户心中有数，强化自己的购买意愿。

（2）服务第二步：存疑之处解释清楚，让客户认同产品

客户对产品存在疑问，是在所难免的。我的建议是，要想让客户认可我们的产品，我们要先理解客户。只有知道客户想要什么，才能对症下药，明确客户需求，再有针对性地介绍我们的产品，最后才能达成销售。

首先认同客户的想法。比如客户可能表示担心汽车事故保险产品费用，我可以先认同客户的想法，比如说："是的，您说得对，现在的这类汽车事故保险产品确实非常高昂。"这样可以让客户感觉到被理解，增加沟通的亲和力。然后再逐步引导客户了解各种保险的优点和可行性，最终达成一个共同认可的保险计划。

其次需求分析。了解客户的具体需求是有效推销保险的关键，因此需要进一步做需求分析。可以问客户一些问题，例如：

您是否已经购买了其他汽车事故保险产品？

您目前的工作和生活状况是怎样的，是否存在一些潜在风险？

您对于保险的理解和期望是什么？

根据客户的回答，进一步细化客户的需求和问题，然后根据客户需求推荐符合条件的保险计划。

再来对比产品卖点。在向客户推荐保险方案时，需要注意不同汽车事故险产品的卖点。比如，某种车险产品可能在报销比例方面占优势，而另一种车险产品在涉及事故范围时更加全面。因此需要根据客户需求情况，对比不同保险产品的卖点，向客户推荐最适合的保险计划。同时，也要确保客户充分理解保险产品的优势、条款和计划内容，才能更好地达成购买意向。

同时穿插服务卖点。在向客户介绍不同保险产品时，也要穿插介绍保险公司的服务卖点，例如：

24小时快捷报案服务；

快速理赔处理及咨询服务；

专业的理赔代表；

灵活的缴费方式。

这些服务卖点不仅能提高客户对于保险公司的信任度，也使客户更愿意购买保险产品。同时，在告知客户这些服务卖点时，还应该着重强调其重要性以及保险公司的专业能力。

最后借用羊群效应、稀缺效应促成销售。羊群效应是指人们受到周围群体行为的影响，越来越倾向于接受同类人士的看法。因此在进行保险销售时，可以引用其他用户的案例和满意度，借用羊群效应来强化客户的购买决策。

稀缺效应是指人们会认为稀有的物品更有价值，因此在销售保险时，可以适当地强调产品的稀有性，比如推出限量的保险计划。这样可以引发客户的购买欲望，加速决策过程。但同时也需要注意不要过分渲染，避免引起客户的不信任感。

（3）服务第三步：客户登记资料要清晰，售前售后勤互动

顾客是上帝，我们对顾客的服务应是细细考量的。为了更好地帮助客户解决问题，我们要真正深入客户群体。在进行保险销售时，为了更好地了解客户的需求及购买偏好，可以登记客户的基本资料，如联系方式、职业、家庭结构等，以便在后续跟进时提供更加个性化、精准的服务。同时，这也为客户保险需求的分析提供了有价值的数据支持，并有利于建立长期的客户关系。在登记用户资料时，应确保客户的隐私安全,遵守相关法律法规。

在与客户沟通后，确认客户的购买意向和是否愿意办理保险产品。如果客户同意购买，应及时为客户办理相应手续，并提供清晰明确的条款及保险单等资料。同时，也要在办理过程中跟进客户的需求和问题，及时解决客户遇到的困难和疑虑。确保客户对办理过程的满意度和信任度，从而提高保险产品的销售效果。

勤互动是指与客户进行有效、持续的互动，建立良好的沟通和信任关

系。在进行保险销售时，确认客户是否愿意接受勤互动，并根据客户的需求和购买周期，定期组织互动活动，提供相关服务和咨询。通过勤互动，可以增强客户的黏性，提高客户的满意度和忠诚度，同时也有利于推动保险产品的销售。

车险销售后，销售人员要保持和客户的互动。这是因为互动可以帮助建立更好的客户关系，增强客户黏性，并促进长期业务合作。以下是我关于售后与客户保持互动，增加来年保单率的一些建议：

第一，当客户需要帮助或有任何问题时，尽量及时地回复他们的信息或电话，确保他们感受到您的关注和重视。

第二，定期为客户提供有价值的信息。通过电子邮件、短信或社交媒体等方式，向客户提供车辆护理、保险理赔、安全驾驶等相关信息与建议，帮助他们了解和处理相关风险。

第三，提供个性化的服务。了解客户的需求和喜好，为他们提供量身定制的保障方案和服务，提高客户满意度和保持客户的黏性。

第四，邀请客户参加保险公司举办的活动，即使客户没时间去，也要让客户知道有这些活动。如保险知识讲座、车辆维护培训、赛车活动等，为客户提供交流和互动的平台，增加他们对产品的信任度和忠诚度。

（4）服务第四步：回访电话做服务，时间内容有讲究

有些客户头脑一热，虽然当时同意办理车险，但是回去想想又后悔了，便又联系销售人员想退保，这种情况也是我们销售服务中常会发生的事。作为销售服务人员，我们要时刻保持耐心，要反反复复跟客户做多次确认和沟通，消除客户的疑虑，让客户坚定自己的选择，只有让客户觉得自己的车险服务工作真的做到位了，客户心里面才会更有底。对客户的忽视和对客户需求的不耐烦，很多时候会成为客户选择第二年退保的原因。

很多时候，为了避免客户想反悔退保的心，作为车险销售人员往往要多做一步，那就是做好电话回访服务。对于给客户做电话回访也是需要注

意时间点的，最好的时间就是在客户收到车险保单的当天，我们就要有一个报备短信提供给他，随后立即就去给客户打电话。时间点的话，要选择正式工作时间点，像 21 点后是万万不行的。最好是 9 点至 11 点，14 点至 17 点。客户收到保单合同的话，肯定会产生很多问题，优秀的车险销售人员第一时间就会打电话给客户，对合同要求做更进一步的解释，询问客户是否有存在疑问的地方。一定要注意，打回访电话的时间不要拖得太久，尽量在下合同的当天就拨过去，拖得太久会破坏客户对保单的满意度。

线下回访电话一定要打，这是做好服务的关键。打线下回访电话的主要目的是与客户建立更加亲密的关系，了解客户对产品或服务的使用情况和感受，提供个性化的解决方案和技术支持，帮助客户解决问题，提高客户满意度和忠诚度。此外，回访电话也可以促进客户转化、增加销售额和改善客户口碑，提高公司的竞争力。

打线下电话的具体流程如下：

①准备工作：在打电话之前，销售人员需要准备好客户信息，谈话的主要内容、目的及目标，确保电话内容能够体现专业性和相关性。

②自我介绍：一旦确定好客户信息和目标，销售人员可以介绍自己的名字和公司，并明确表示自己代表公司拨打电话。

③打破沉默：销售人员应该问询客户的需求和目标，以了解他们近期的购买需求和相关考虑。

④强调产品或服务的优势：在适当的时机，销售人员应该介绍他们销售的产品或服务的优势和特点，并着重营销他们的解决方案和特色。

⑤针对需求提供解决方案：根据客户的具体需求，提供相应的解决方案，并确保客户得到了有效的解答和建议，同时介绍其他相关的产品和服务。

⑥谈论价格和服务条款：如果客户询问价格和服务条款的问题，销售人员应该了解自己公司的相关政策和流程，并提供给客户相关的信息。

⑦总结：在结束通话之前，销售人员需要简要概括客户的需求，确认客户是否已经了解了商品或服务的相关特点、优势、价格以及服务条款等内容。

⑧坚持跟进：在打完电话后，销售人员应该及时跟进，以了解客户的情况和进度，并根据客户的反馈进行调整。及时处理客户的需求，将有助于建立更加稳固的商业关系，以及更好地推销自己的产品或服务。

（5）服务第五步：客户判断提前做，服务跟进有针对

与客户建立长期合作关系，建立互相信任和理解的合作模式，可以提高客户忠诚度，促进业务增长。在客户信息记录表上做简单的备注（可用字母代替），记录客户情况，评估客户信息，了解客户的需求、兴趣和痛点，了解他们的消费行为和购买历史，掌握客户的行为和消费习惯，了解客户的产品偏好、购买力和付款方式等。收集数据和反馈，还可以通过市场调研和客户反馈来实现，做好后续有针对性的回访跟进服务。通过关注客户的细节和提供贴心的服务，如解决客户问题、处理投诉、回应反馈等，并及时作出反馈，根据客户的意见和建议，优化产品和流程，提高客户满意度，增加用户回访率。

在销售保险产品的过程中，了解客户的判断方式非常重要，即使在前一个保单结束后，也要时刻关注客户是否有别的需求。有些客户更注重保险产品的价格，有些客户更关心产品的保障范围和理赔方式，还有一些客户更看重保险公司的信誉和稳健性等因素。因此，在向客户介绍保险产品和服务时，需要根据客户的需求和偏好进行有针对性的推荐。同时，也要虚心听取客户的建议和意见，根据客户的反馈进行优化和改进，提升产品和服务的质量及满意度。

保险服务跟进对于客户的满意度和忠诚度非常关键。在客户购买保险产品之后，需要及时联系客户，了解客户的使用情况和需求，为客户提供专业的风险管理意见和解决方案，并帮助客户升级和调整保险计划。同时，

还要定期向客户发送保单更新和重要通知，及时解决客户的问题和疑虑，并提供全程保障和协助。这样可以增加客户的满意度和信任度，提高客户的再次购买率，带动保险业务的增长。